全国干部学习培训教材

QUANGUO GANBU XUEXI PEIXUN JIAOCAI

全面推进国防和军队现代化

全国干部培训教材编审指导委员会组织编写

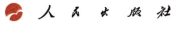
人民出版社

党建读物出版社

序　言

善于学习，就是善于进步。党的历史经验和现实发展都告诉我们，没有全党大学习，没有干部大培训，就没有事业大发展。面对当今世界百年未有之大变局，面对进行伟大斗争、伟大工程、伟大事业、伟大梦想的波澜壮阔实践，我们党要团结带领全国各族人民抓住和用好我国发展重要战略机遇期，坚持和发展中国特色社会主义，统筹推进"五位一体"总体布局、协调推进"四个全面"战略布局，推进国家治理体系和治理能力现代化，促进人的全面发展和社会全面进步，防范和应对各种风险挑战，实现"两个一百年"奋斗目标、实现中华民族伟大复兴的中国梦，就必须更加崇尚学习、积极改造学习、持续深化学习，不断增强党的政治领导力、思想引领力、群众组织力、社会号召力，不断增强干部队伍适应新时代党和国家事业发展要求的能力。

我们党依靠学习创造了历史，更要依靠学习走向未来。要加快推进马克思主义学习型政党、学习大国建设，坚持把学习贯彻新时代中国特色社会主义思想作为重中之重，坚持理论同实际相结合，悟原理、求真理、明事理，不断增强"四个意识"、坚持"四个自信"、做到"两个维护"，教育引导广大党员、干部按照忠诚干净担当的要求提高自己，努力培养斗争精神、增强斗争本领，使思想、能力、行动跟上党中央要求、跟上时代前进步伐、跟上事业发展需要。

抓好全党大学习、干部大培训，要有好教材。这批教材阐释了新时代中国特色社会主义思想的重大意义、科学体系、精神实质、实践要求，各级各类干部教育培训要注重用好这批教材。

2019 年 2 月 27 日

目　录

绪　论　牢固确立习近平强军思想在国防
　　　　和军队建设中的指导地位 ………………… 1

第一章　国防和军队建设进入新时代 …………… 10

　第一节　国际战略形势和国家安全环境
　　　　　深刻变化 …………………………………… 10

　第二节　世界新军事革命加速推进 ……………… 16

　第三节　国防和军队建设站在新的历史
　　　　　起点上 …………………………………… 21

　第四节　有效履行新时代军队使命任务 ………… 26

第二章　实现党在新时代的强军目标 …………… 37

　第一节　建设强大的人民军队是我们党的
　　　　　不懈追求 …………………………………… 37

　第二节　建设一支听党指挥、能打胜仗、
　　　　　作风优良的人民军队 …………………… 41

第三节　全面推进国防和军队现代化的
　　　　战略安排 ……………………… 44

第四节　确立"五个更加注重"的军队建设
　　　　发展战略指导 ………………… 47

第三章　实行防御性国防政策和积极防御
　　　　军事战略 …………………………… 52

第一节　奉行防御性国防政策 ………… 52

第二节　实行积极防御军事战略 ……… 56

第三节　完善国防领导管理体制和武装
　　　　力量体系 …………………… 61

第四节　创新发展新时代人民战争 …… 68

第四章　坚持党对人民军队的绝对领导 ……… 72

第一节　党对军队绝对领导是人民军队
　　　　建军之本、强军之魂 ………… 72

第二节　全面深入贯彻军委主席负责制 … 77

第三节　全面加强新时代我军党的领导和
　　　　党的建设工作 ………………… 80

第四节　正风反腐永远在路上 ………… 85

第五节　发挥政治工作对强军兴军的生命
　　　　线作用 ……………………… 88

第五章　军队要能打仗、打胜仗 ………… 99
　第一节　牢固树立战斗力这个唯一的根本
　　　　　的标准 ………… 99
　第二节　全面提高军事训练实战化水平 ………… 101
　第三节　扎实做好各方向各领域军事斗争
　　　　　准备 ………… 107
　第四节　建设强大的现代化后勤 ………… 112
　第五节　为打赢未来战争提供坚强人才
　　　　　保证 ………… 115

第六章　深化国防和军队改革 ………… 124
　第一节　坚定不移把改革进行到底 ………… 124
　第二节　重塑领导指挥体制 ………… 128
　第三节　优化规模结构和力量编成 ………… 133
　第四节　推进军事政策制度改革 ………… 137

第七章　全面实施科技兴军战略 ………… 148
　第一节　坚持向科技创新要战斗力 ………… 148
　第二节　推进国防科技创新跨越式发展 ………… 151
　第三节　构建信息化武器装备体系 ………… 156
　第四节　加快推进军事理论创新 ………… 160

第八章　提高国防和军队建设法治化水平 ………… 164

　第一节　一支现代化的军队必然是法治
　　　　　军队 ……………………………………… 164

　第二节　构建完善中国特色军事法治体系 … 168

　第三节　推动治军方式根本性转变 ………… 172

　第四节　着力推进全面从严治军 …………… 175

第九章　推动军民融合深度发展 ……………… 180

　第一节　军民融合发展是兴国之举、强军
　　　　　之策 ……………………………………… 180

　第二节　构建一体化的国家战略体系和
　　　　　能力 ……………………………………… 183

　第三节　完善国防动员体系 ………………… 187

　第四节　做好退役军人管理保障工作 ……… 191

　第五节　巩固和发展军政军民团结 ………… 194

结束语　增强全民国防观念　为实现中国梦
　　　　强军梦凝聚强大力量 ………………… 203

阅读书目 ………………………………………… 206

后　记 …………………………………………… 208

绪 论

牢固确立习近平强军思想在国防和军队建设中的指导地位

习主席作为党中央的核心、全党的核心和军队的统帅，在带领全党全军全国各族人民进行伟大斗争、建设伟大工程、推进伟大事业、实现伟大梦想的不平凡征程中，围绕新时代建设一支什么样的强大人民军队、怎样建设强大人民军队，深入进行理论创新和实践创造，提出一系列重大原则，作出一系列重大决策，推进一系列重大工作，创立了习近平强军思想。深入学习贯彻习近平新时代中国特色社会主义思想，牢固确立习近平强军思想在国防和军队建设中的指导地位，对于实现党在新时代的强军目标、把人民军队全面建成世界一流军队，为实现"两个一百年"奋斗目标、实现中华民族伟大复兴的中国梦提供坚强战略支撑，具有重大而深远的意义。

一

任何一种科学理论都是时代的产物。一个新时代的到来，总是以新思想、新理论为标志的。勇于推进实践基础上的理论创新，在回答重大时代课题中坚持和发展马克思主义，是我们党长期形成的优良传统。

在中国革命、建设和改革的不同历史时期，党创造性地把马克思主义基本原理与中国军事实践相结合，创立了毛泽东军事思想、邓小平新时期军队建设思想、江泽民国防和军队建设思想、胡锦涛国防和军队建设思想。毛泽东军事思想，主要回答了在中国处于半殖民地半封建社会的历史条件下，如何建设一支无产阶级新型人民军队和夺取武装斗争胜利，以及在取得全国政权后如何建立现代化国防的问题。邓小平新时期军队建设思想，主要回答了在和平与发展成为时代主题，国家实行改革开放的历史条件下，如何开创中国特色精兵之路，建设一支强大的现代化正规化革命军队的问题。江泽民国防和军队建设思想，主要回答了在世界新军事变革蓬勃进行、我国社会主义市场经济深入发展的历史条件下，如何积极推进中国特色军事变革，保证人民军队打得赢、不变质的问题。胡锦涛国防和军队建设思想，主要回答了在世界大发展大变革大调整、我国全面建设小康社会的历史条件下，如何推进国防和军队建设科学发展、全面履行新世纪新阶段军队历史使命的问题。

进入新时代，习近平同志在领导全面推进国防和军队现代化、开创强军兴军伟业的征程中，以马克思主义政治家的巨大理论勇气和高超战略智慧，对国防和军队建设作出深邃思考和战略筹划。他着眼实现"两个一百年"奋斗目标、实现中华民族伟大复兴的中国梦，深刻洞察国际战略格局演变趋势，敏锐把握世界新军事革命发展动向，全面推进政治建军、改革强军、科技兴军、依法治军，作出了一系列新的重大判断、新的理论概括、新的战略安排，从理论和实践结合上系统回答了在世界处于百年未有之大变局和中国特色社会主义进入新时代的历史条件下，建设一支什么样的强大人民军队、怎样建设强大人民军队的重大时代课题，形成了习近平强军思想。

从毛泽东军事思想到习近平强军思想，这些科学的军事理论成果，既着眼解决不同历史条件下的实际问题，又一脉相承、与时俱进，不断将国防和军队建设推进到新的发展阶段，不断开辟马克思主义军事理论中国化的新境界，共同构建起党的军事指导理论的宏伟大厦。

二

习近平强军思想作为党的军事指导理论创新发展的最新成果，意蕴深远、内涵丰富、博大精深，是一个系统完整、逻辑严密、相互贯通的科学理论体系。

强国必须强军。谋划国防和军队建设，必须对国际战略形势和国家安全环境作出科学判断。巩固国防和强大军队是新时代坚持和发展中国特色社会主义、实现中华民族伟大复兴的战略支撑。军队必须担当起党和人民赋予的新时代使命任务。

实现党在新时代的强军目标。建设强大的人民军队是我们党的不懈追求。听党指挥、能打胜仗、作风优良这三条是建军治军的要害,决定着军队发展方向,也决定着军队生死存亡。实现强军目标,必须同国家现代化进程相一致,按照国防和军队现代化战略安排,把人民军队全面建成世界一流军队。

坚持党对人民军队的绝对领导。党对军队绝对领导是人民军队的建军之本、强军之魂。军委主席负责制是坚持党对军队绝对领导的根本制度和根本实现形式。坚持党对军队绝对领导,关键是要达到"绝对"这两个字的要求。

军队要能打仗、打胜仗。军队就是要准备打仗的,要把新时代军事战略思想立起来,把新时代军事战略方针立起来,把备战打仗指挥棒立起来,把抓备战打仗的责任担当立起来,坚持战斗力这个唯一的根本的标准,着力加强联合作战指挥体系和能力建设,全面提高军事训练实战化水平,扎实做好各方向各领域军事斗争准备,大力培育"一不怕苦、二不怕死"的战斗精神。

抓思想政治建设一刻也不能放松。政治工作是我军的看家本领,是我军的最大特色、最大优势。要把理想信念、党性原则、战斗力标准、政治工作威信四个带根本性的东西牢固立起来。要培养有灵魂、有本事、有血性、有品德的新时代革命军人,把红色基因代代传承下去,永葆人民军队性质、宗旨、本色,着力推动政治工作创新发展。

坚定不移正风肃纪、反腐惩恶。作风问题关系军队生死存亡,军中绝不能有腐败分子藏身之地。要坚持作风建设永远在路上,把权力关进制度的笼子里,强化监督执纪问责,持续深入纠治形式主义、官僚主义、享乐主义和奢靡之风。

改革是决定我军发展壮大、制胜未来的关键一招。深化国防和军队改革是为了设计和塑造军队未来。按照军委管总、战区主战、军种主建的总原则推进领导指挥体制改革，优化规模结构和力量编成，打造以精锐作战力量为主体的军事力量体系，构建体现军事职业特点、增强军人荣誉感自豪感的政策制度体系，坚决打赢改革这场攻坚战。

建设创新型人民军队。军事领域是最具创新活力、最需创新精神的领域。要把创新摆在军队建设发展全局的核心位置，把我军建设模式和战斗力生成模式转到创新驱动发展的轨道上来。抓创新首先要抓科技创新这个牛鼻子，坚持向科技创新要战斗力，同时推进以效能为核心、以精确为导向的军事管理革命。

提高国防和军队建设法治化水平。一支现代化军队必然是法治军队。要构建中国特色军事法治体系，强化全军法治信仰和法治思维，推动治军方式根本性转变，着力推进全面从严治军，依法筹划和指导基层建设。

建设强大的现代化后勤。着眼建设一切为了打仗的后勤，重塑后勤体系，建设联合、精干、高效的后勤，提高后勤管理科学化、法治化、精细化水平，全面停止军队开展有偿服务。勤俭建军这一条，什么时候都不能丢。

把武器装备建设搞得更好一些、更快一些。武器装备是军队现代化的重要标志。设计武器装备就是设计未来战争，要把作战需求贯彻到武器装备研制全过程。武器装备发展要以对作战体系的贡献率为评价标准，坚持质量就是生命、质量就是胜算。

培养担当强军重任的高素质干部和人才队伍。坚持按照"对党忠诚、善谋打仗、敢于担当、实绩突出、清正廉洁"的军队好干部标准培养和选拔干部。大力实施人才战略工程，特别是要把联合作战指挥人才、新型作战力量人才培养作为重中之重，精准配置军事人力资源，健全军队院校教育、部队训练实践、军事职业教育三位一体的新型军事人才培养体系。

全面加强新时代军队党的建设。军队党的建设是军队建设发展的核心问题。要着力抓好党的政治建设，严肃政治纪律和政治规矩，坚持从严治党首先从党内政治生活严起，把各级党组织建设成为坚强领导核心和战斗堡垒，不断增强军队党建工作的时代感和科学性。

推动军民融合深度发展。军民融合发展是兴国之举、强军之策。要加快形成全要素多领域高效益的军民融合深度发展格局，向军民融合发展重点领域聚焦用力，始终坚持我们的国防是全民的国防，努力构建一体化的国家战略体系和能力。

掌握强军打赢的科学方法论。坚持战争与和平的辩证法，军事服从政治、战略服从政略；人是决定因素，武器装备的重要性在上升。坚持问题导向、勇于攻坚克难，敢于斗争、善于斗争；以重点突破带动整体推进。坚持知行合一，实干兴军。

三

真理的价值是跨越时空、不可估量的。习近平强军思想自产生以来，就呈现出巨大的理论价值和实践价值，充分展现了科学真理对理论创新和实践创新的巨大推动作用。

习近平强军思想，闪耀着熠熠生辉的理论光芒。这一科学思想，立足世情国情军情的发展变化，标定我军发展新的历史方位，创新建军治军的指导思想和方针原则，作出新时代国防和军队建设大发展大提升的战略安排，实现了马克思主义军事理论中国化的新飞跃和党的军事指导理论的与时俱进，丰富发展了马克思主义军事理论的时代内涵。这一科学思想，作为习近平新时代中国特色社会主义思想的重要组成部分，揭示了新时代军事力量建设运用规律，把我们党对新时代国防和军队建设规律、军事斗争准备规律、战争指导规律的认识提升到新高度，谱写了习近平新时代中国特色社会主义思想的军事篇。这一科学思想，科学回答了走中国特色强军之路、全面推进国防和军队现代化一系列带根本性方向性全局性问题，贯注了新时代强军之魂，规定了新时代使命任务，开拓了新时代中国特色强军之路，提供了沿着新时代中国特色强军之路胜利前进的根本保证。

理论一经掌握群众并运用于实践，就会变成巨大的物质力量。在习近平强军思想的指引下，人民军队在中国特色强军之路上迈出坚定步伐。坚定不移推进政治整训，召开古田全军政治工作会议，人民军队政治生态得到有效治理。全面深化国防和军队改革，确立军委管总、战区主战、军种主建格局，人民军队体制一新、结构一新、格局一新、面貌一新。制定实施新形势下军事战略方针，加强练兵备战，有效维护东海、南海主权权益，军事斗争准备取得重大进展。全面实施科技兴军战略，武器装备加快发展，一大批新型装备列装部队。积极参加国际维和、人道主义救援，高效开展反恐维稳、抢险救灾，军队履行多样化任务能力大幅提升。

这些年来强军事业取得的历史性成就深刻证明：习近平强军思想是人民军队的强军之道、制胜之道，是推进强军兴军的根本遵循，是实现党在新时代的强军目标、确保全面建成世界一流军队的科学指南。

四

思想的力量，总能穿透不确定性的历史迷雾，指引时代前进的方向。党的军事指导理论，就是引领人民军队攻坚克难，不断取得胜利、不断发展壮大的重要法宝。党的十九大确立了习近平强军思想在国防和军队建设中的指导地位，开启了新时代强军兴军的新征程，标志着党的强军事业跨入一个全新的阶段。

环顾全球，这是一个致力变革图强、发展日新月异的时代；立足中国，这是一个进行伟大斗争、建设伟大工程、推进伟大事业、实现伟大梦想的时代。1901 年，梁启超在《国家思想变迁异同论》中说："思想者，事实之母也。欲建造何等之事实，必先养成何等之思想。"习近平强军思想，蕴含着新时代建军治军用兵的丰富内涵和科学方法，描绘了新时代强军兴军的战略蓝图，点亮了照耀强军征程的时代灯塔。全军必须始终以党的旗帜为旗帜，以党的方向为方向，把全面贯彻落实习近平强军思想作为首要政治任务和长期战略任务，着力把握其科学内涵、精神实质和实践要求。

要坚持用习近平新时代中国特色社会主义思想武装头脑、指导实践、推动工作，坚定不移把习近平强军思想全面贯彻到国防和军队现代化各领域全过程，一件事情接着一件事情办，一年接着一年干，扎实推进建设世界一流军队，实现富国与强军相统一。要深刻领会习近平强军思想蕴含的科学立场、观点和方法，坚持把马克思主义基本原理同新时代强军兴军实践紧密结合起来，充分认清我军现代化水平与国家安全需求相比差距还很大、与世界先进军事水平相比差距还很大，我军打现代化战争能力不够、各级干部指挥现代化战争能力不够的严峻现实，有效破解国防和军队现代化建设的矛盾问题。要充分认识习近平强军思想的重大政治意义、理论意义、实践意义，以高度的使命感和责任感系统深入地学习，切实增强对习近平强军思想的政治认同、思想认同、理论认同和情感认同，自觉做强军思想的坚定信仰者、忠实执行者、模范践行者，为实现党在新时代的强军目标、全面建成世界一流军队而努力奋斗，不断开创强军兴军伟业更加灿烂和辉煌的明天。

第一章
国防和军队建设进入新时代

中国特色社会主义进入新时代，中华民族迎来了从站起来、富起来到强起来的伟大飞跃。国防和军队建设进入新时代，人民军队在中国特色强军之路上迈出坚定步伐。国际国内安全形势十分复杂，国防和军队建设内外环境变化十分深刻，风险和挑战明显增多。科学分析世情国情军情新变化，准确把握新的历史方位，是在新的历史起点上全面推进国防和军队现代化的重要前提。

第一节　国际战略形势和国家安全环境
##　　　　 深刻变化

正确判断战略形势和安全环境，是谋划国防和军队建设的基本前提和要求。纵观世界，和平与发展仍然是时代主题，国际战略形势总体稳定，国际格局和国际体系演变加速，国际秩序继续朝着有利于和平与发展的方向演进。同时，世界正处于新旧格局转换、新旧秩序更迭、新旧体系更替的关键期，国际形势的不稳定性不确定性持续上升，大国战略竞争和博弈日趋激烈，国际关系复杂程度前所未有，国家安全问题的综合性、复杂性、多变性日益明显。

一、国际战略格局深度调整

世界多极化进程加快。当前，国际力量对比南升北降的大趋势更加明显，美国超强、西方主导、北强南弱的国际格局和秩序正在发生重大变化。一些西方国家长期以来在国际事务中的主导优势逐渐褪色，新兴市场国家和发展中国家力量显著上升，推动国际力量对比发生变化。全球治理体系变革加速推进，二十国集团、上合组织、金砖国家等机制影响稳步上升。全球治理体系变革涉及各国特别是大国利益，必将经历长期复杂有时还会非常激烈的斗争。

经济全球化进程出现波折。世界经济仍处于深度调整期，经济复苏进程还不稳固，单边主义、保护主义加剧，逆全球化倾向抬头。经济全球化是一把"双刃剑"，在给世界经济提供强劲动力的同时，也给一些国家发展带来了新问题。要适应和引导好经济全球化，让它更好惠及每个国家、每个民族。政治是经济最集中的表现，全球经济低迷不可避免会引发社会、政治、安全等方面的矛盾和问题，一些国家为转嫁内部矛盾对外示强甚至铤而走险的可能性是存在的。

大国战略博弈更加激烈。围绕权力和利益再分配的较量加剧，围绕战略要地、战略资源、战略通道的争夺升温，地区秩序主导权之争、规则之争、发展道路之争尖锐复杂。亚太地区成为大国战略竞争和博弈的焦点,美国明确把中俄作为战略竞争对手。美俄地缘战略较量从东欧扩展到中东和东亚,不断前推军力部署、举行针对性演训和实施战略威慑。美国显示对华全面战略竞争和遏制态势,推出印度洋太平洋地区战略,深化亚太军事同盟。全球性军备竞争态势明显增强,影响全球战略稳定的消极因素不断增加。

全球性问题和挑战空前增多。恐怖主义、网络安全、难民问题等非传统安全威胁不断上升,构成复杂多样的全球性、综合性安全挑战。恐怖活动呈现组织形态国家化、传播方式网络化以及实施方式"独狼化"、分散化趋势,与热点地区安全问题叠加共振并向欧美、东南亚等地区外溢。网络安全威胁和风险向政治、经济、社会、国防等领域传导渗透日益严重,网络恐怖主义成为国际社会新型威胁,爆发网络空间重大危机和冲突的风险加剧。据联合国难民署数据,截至 2017 年底,全球因战争、暴力和迫害等造成 6850 万人逃离家园。源自中东等地区的难民危机冲击相关国家发展和国际秩序,威胁地区和平稳定。

二、周边安全形势错综复杂

改革开放以来,我国经济实力、科技实力、国防实力、综合国力进入世界前列,国际地位和国际影响力大幅提升,人民生活显著改善。我们比历史上任何时期都更接近、更有信心和能力实现中华民族伟大复兴的目标。但也要看到,我国正处在从大国走向强国的关键时期,"树大招风"效应日益显现,外部环境更加复杂。

周边是我国安身立命之所、发展繁荣之基。当前，我国周边安全环境总体稳定，睦邻友好、互利合作是周边国家关系的主流。同时也要看到，亚太地区战略格局深刻演变，一些国家和国际势力对我们的阻遏、忧惧、施压明显上升，周边领土主权争端、大国地缘竞争、军事安全较量、民族宗教矛盾等问题更加凸显。一是美国战略遏制和围堵日益升级。美国明确将我国作为主要战略竞争对手，加紧在我国周边进行战略布局，集中部署先进海空作战力量和手段，加大抵近侦察监视和军事威慑力度，频繁开展更具威慑性和针对性的联合军演，明里暗里支持同盟伙伴挑起事端。二是海上方向安全面临的现实威胁呈上升趋势。美国、日本等国竭力维护亚太海洋霸权，美军舰机一再抵近南海岛礁挑衅施压，一些亚洲国家不断在钓鱼岛、南海等岛屿归属和海域划界问题上挑起事端，涉我领土主权和海洋权益争端扩大化、联动化、地区化趋势在发展。三是周边热点问题和局部动荡复杂多变。朝鲜半岛一度战云密布，朝核问题逼近战略拐点。在相关国家共同努力下，朝美首脑会晤并达成框架协议，给半岛带来和平希望，但彻底解决半岛问题仍是一个艰难复杂过程。中印关系在经历困难后保持发展势头，但因边境争端引发危机的可能性难以彻底消除。恐怖主义、分裂主义、极端主义活动猖獗，南亚、中亚、阿富汗等我国周边地区已成为国际恐怖主义新的集散地。

三、维护国家主权、安全、发展利益任务艰巨繁重

我国社会主要矛盾已经转化为人民日益增长的美好生活需要和

不平衡不充分的发展之间的矛盾，国家进入全面建成小康社会的决胜期和改革开放攻坚期，经济社会问题相互叠加，国内问题和国际问题相互传导，国家安全和发展面临新的风险挑战。

政治安全风险隐患增多。我国作为一个共产党领导的发展中社会主义大国，以政权安全和制度安全为核心的政治安全始终是国家安全的根本。我国经济社会正在发生深刻变革，社会矛盾凸显，影响社会政治稳定的因素增多，各种敌对势力不断煽风点火、寻衅滋事，暴力恐怖势力也在加紧活动，互联网已经成为舆论斗争主战场。敌对势力还把我军作为渗透重点，极力鼓吹"军队非党化、非政治化"和"军队国家化"。一些西方国家一刻也没有停止对我国实施西化、分化战略，千方百计想在我国策动"颜色革命"。对他们的政治图谋，必须高度警惕，始终保持战略清醒和战略定力，决不能天真，决不抱任何幻想。

反分裂斗争形势更加严峻。台湾民进党当局不断推出包藏"台独"祸心的政策举措，强化同美日军事关系，在"台独"道路上一意孤行，"台独"分裂势力始终是影响台海局势的最大乱源。国际恐怖势力在我国周边形成"恐怖动荡之弧"，"东突"民族分裂势力加紧与国际恐怖势力合流，我国输入性暴恐风险上升。达赖集团加紧在国际国内进行分裂活动，以达到破坏稳定、迟滞发展和分裂祖国的目标。"港独"势力对香港社会稳定构成现实威胁，"港独"的本质是分裂国家，严重违反"一国两制"方针，严重违反宪法和香港基本法。对"藏独""东突""港独"等一切形式的分裂活动，都要严密防范、坚决打击。

海外利益安全问题凸显。随着国家利益快速向海外扩展和延伸，我国安全和发展同外部世界更加紧密地联系在一起。2017年，我国境外资产总额超过 6 万亿美元，驻外企业和机构超过 3 万家，赴外劳务人员 97.9 万人，赴境外旅游突破 1.46 亿人次。我国 90% 以上的进出口物资运输需要通过海上通道，2017 年我国全年石油净进口量达到 3.96 亿吨，石油对外依存度升至 67.4%。海外利益越大，安全需求就越大，海外能源资源和战略通道安全以及海外机构、人员和资产安全等海外利益安全问题凸显。近年来，一些国家多次发生我国驻外机构和海外企业遭袭、建设项目受挫、人员被绑架甚至被杀害等事件，海外安全保障成为维护国家海外利益的重要内容。

[知识链接]

战略通道

战略通道就是对国家利益和战略全局具有重要价值的道路、水道和空中航线。海上战略通道是关乎一国经济命脉、军事安全和能源运输安全的重要节点。我国的海上战略通道主要有：东行航线的大隅海峡、宫古海峡和巴拿马运河，南行航线的台湾海峡和巴士海峡，西行航线的马六甲海峡、霍尔木兹海峡、苏伊士运河，北行航线的朝鲜海峡。我国的能源战略通道主要有：中亚油气管道、中俄东线西线油气管道、中缅油气管道、中巴油气管道等。

第二节　世界新军事革命加速推进

新一轮科技革命和产业革命孕育兴起，世界新军事革命加速发展，其速度之快、范围之广、程度之深、影响之大，为第二次世界大战结束以来所罕见。战争形态加快向信息化战争演变，并开始向以智能化为主要特征的方向发展，国际军事竞争格局正在发生历史性变化。

一、世界新军事革命有一个产生、演进的过程

科学技术是军事发展中最活跃、最具革命性的因素，科技创新总是能够有力推动战争形态和作战方式发生深刻变革。自16世纪以来的近500年间，人类共发生了两次科学革命和三次技术革命，重大科学技术的进步与创新不断涌现，推动战争形态由冷兵器战争向热兵器战争、机械化战争、信息化战争演变。

以牛顿经典力学为代表的近代自然科学革命建立了完整的近代科学体系，以量子力学和相对论为核心的物理学革命为人类进入原子时代和信息时代奠定了理论基础。第一次技术革命以蒸汽机的发明与应用为主要标志，实现了大生产和机械化，促进战争形态由冷热兵器混合战争向热兵器战争过渡。第二次技术革命以电力技术和内燃机的发明为主要标志，推动人类社会由蒸汽时代进入电气时代，促使机械化战争从酝酿成形到步入成熟阶段。第三次技术革命以原子能、电子计算机、空间技术和生物工程的发展为主要标志，引发了以信息技术为核心的世界新军事革命。

20 世纪 70 年代，在越南战争后期，"灵巧炸弹"和集指挥、控制、通信、情报于一体的指挥自动化系统（C³I）投入战场，孕育了新军事革命的萌芽。70 年代末，美苏等军事强国已经拥有精确制导武器，并初步实现了指挥自动化。80 年代，爆发了英阿马岛战争等几场具有代表性的局部战争，新军事革命初露端倪。1991 年爆发的海湾战争，是新军事革命的一个转折点，展现了现代高技术战争的雏形，拉开了战争形态转变的大幕。1999 年的科索沃战争，进入 21 世纪以来的阿富汗战争、伊拉克战争、利比亚战争、叙利亚战争等几场局部战争，进一步展现了战争形态的信息化特征，标志着新军事革命进入一个新的质变阶段。

二、信息化战争登上历史舞台

这场新军事革命，以信息化为核心，以军事战略、军事技术、作战思想、作战力量、组织体制和军事管理创新为基本内容，以重塑军事体系为主要目标，引发军事领域出现全局性、系统性、根本性变化。各类侦察、预警、指挥、控制、通信、导航、电子对抗等军事信息系统、信息化武器装备和精确制导弹药发展迅猛，在现代战争中发挥着越来越重要的作用，信息越来越成为作战制胜的主导性因素，信息化战争登上人类历史舞台。

信息化作战平台已成为武器装备体系的"骨干"，是军队作战能力的显著标志。信息化弹药构成战场杀伤的"中坚"力量，美军在海湾战争中使用的精确制导弹药占其弹药使用量的 8%，科索沃战争中上升为 35%，阿富汗战争中则高达 60% 以上。军事信息系统全方位渗透到各个作战环节中，构成凝聚战斗力的"血脉"。适应信息化战争的军队组织结构正在形成，传统力量树状结构形式被逐渐打破，基于栅格化信息系统的力量体系结构逐步形成，军队组织体系向小型化、多元化、精干化、模块化的扁平网状方向发展，新型作战力量不断产生，各作战力量协调性、灵活性、整体联动性空前增强。

战争制胜机理正在发生深刻改变，平台作战、体系支撑、战术行动、战略保障成为现代战争的显著特点。战争的时空特性发生重大变化，多维战场空间融为一体，战略、战役、战术行动界限趋于模糊，时间要素不断升值，战争进入发现即摧毁的"秒杀"时代；运用精锐力量实施精确作战的特征更加突出，在防区外对全纵深目标进行中远程精确打击成为重要作战方式；作战指挥日益扁平化，作战组织和管理日趋标准化、流程化、精细化；无人作战、空天战略打击、新概念武器以及高效毁伤弹药的运用，已经并将继续改变战争面貌。

三、世界新军事革命孕育着新的重大突破

以人工智能、量子信息、移动通信、物联网、区块链为代表的新一代信息技术加速突破应用，将对军事领域产生更为深远的影响，世界新军事革命进入一个新的历史阶段。

物联网、移动互联网、大数据、云计算、新型微处理器、数据与网络安全、激光传输等高新技术，正在改写军队信息化建设的进程；而光子、量子、生物以及基于非硅晶片材料的新型计算机技术，将有可能颠覆现行信息技术体制，开辟军队信息化建设的全新方向。这些新的发展，将极大提高作战要素、作战系统互联互通水平，为体系作战能力的跃升奠定全新的物质技术基础。

[知识链接]

作 战 云

以网络、云计算等技术为支撑的作战云（Combat Cloud）概念由美国空军于 2013 年 1 月首次提出，直接动因是解决当前五代机与四代机互联互通问题。作战云是一张覆盖整个战场空间的巨型复杂网络，其中每个合法用户都能实时贡献、接收和利用重要信息，充分了解掌握战场全局态势，从而加快指挥决策、作战行动的速度。美国国防高级研究计划局正在开展"体系集成技术与试验"（SOSITE）项目，目的是发展和验证一种能将飞机、武器、传感器、任务系统等有机融为一体的新型作战云架构。

电磁发射技术、深海开发技术、纳米武器技术、无人作战系统技术等相继取得重大突破，军用能源和推进技术、弹药技术、隐身技术、综合防护技术和系统集成技术等稳步发展，将产生全新的作战手段。这些新型作战手段，或开辟崭新的作战领域，或颠覆原有作战概念和作战体系，或成倍数、成级数地提升火力、机动、防护、突防等作战能力指标，展现出空前的变革性与颠覆性。例如，高超声速导弹能够以 5 马赫以上的速度飞行，将使现有防空体系形同虚设。电磁轨道炮能够把数千克的弹丸发射到数百千米远的距离，超出常规火炮射程近 10 倍。

由物联网、工业互联网、智能制造、基于模型的系统工程以及先进材料与加工技术群引发的第三次产业革命，将改变武器装备的研发采购模式，并使装备生产效益成倍提高。例如，采用 3D 打印技术生产武器，不仅能够简化设计、减少体积和重量，而且能够将生产成本降低到原来的几分之一，将生产周期缩短一个数量级以上。

世界主要大国都在调整安全战略和军事战略，加强高端军事科技和能力建设，加快军事智能技术实战运用、推进核力量更新换代、发展高超声速技术装备等，抢占军事竞争战略制高点。我们必须奋起直追、后来居上，在一些战略必争领域形成独特优势，在未来军事革命和科技革命的交汇点上谋求创新超越，加快军事智能化发展，引领我军向更高阶段转型。

[知识链接]

智能制造

智能制造以新一代人工智能技术、信息通信技术与先进制造技术深度融合为基础，将无处不在的传感器、终端智能控制系统、通信设施和生产装备整合形成智能网络。人的需求通过海量数据进行分析处理，并由智能网络在设计、制造、供应和服务各环节自主作出判断、选择、控制，整个过程用户可全程参与交互，智能网络根据需要进行调适。2015 年 5 月，国务院印发《中国制造 2025》，部署全面推进实施制造强国战略，智能制造是主攻方向。这将有助于变革现行武器装备制造模式，提升武器装备研制生产效率和快速响应能力，促进国防工业提质增效和转型升级。

第三节　国防和军队建设站在新的历史起点上

历史方位由发展阶段决定。党的十八大以来，国防和军队现代化取得历史性成就，国防和军队改革取得历史性突破，军事斗争准备取得重大进展，强军兴军进入一个新时代。

一、经济社会发展为国防和军队建设奠定雄厚的物质基础

富国和强军，是发展中国特色社会主义、实现中华民族伟大复兴的两大战略基石。经济建设是国防建设的基本依托，只有国家经济实力增强了，国防建设才有更大的发展。国防建设是我国现代化建设的战略任务，只有把国防建设搞上去了，经济建设才能有更加坚强的安全保障，同时加强国防建设对经济社会发展也具有重要拉动作用。在建设社会主义现代化国家的新征程中，努力在更高水平上实现富国和强军的统一，是走好强军之路、打牢民族复兴之基的内在要求。

国防和军队现代化建设，需要持续投入大量经济资源。改革

开放 40 年来，我国坚持国防建设服从和服务于经济建设大局，国防投入保持较为合理适度的规模。从 1978 年到 1987 年，国防建设处于低投入和维持性状态，国内生产总值（GDP）按当年价格计算年平均增长 14.1%，同期国防费年平均增长 3.5%，国家财政支出年平均增长 10.4%。从 1988 年到 1997 年，我国在经济不断增长的基础上逐步加大国防投入，GDP 按当年价格计算年平均增长 20.7%，同期国防费年平均增长 14.5%，国家财政支出年平均增长 15.1%。从 1998 年到 2007 年，我国在经济快速增长的基础上继续保持国防费稳步增长，GDP 年平均增长 12.5%，同期国防费年平均增长 15.9%，国家财政支出年平均增长 18.4%。从 2008 年到 2017 年，我国 GDP 按当年价格计算年平均增长 11.25%，同期国防费年平均增长 10.89%，国家财政支出年平均增长 13.57%。2018 年国防预算为 11069.51 亿元，比上一年增长 8.1%。

我国社会生产力水平显著提高，综合国力跃居世界前列。我国经济总量跃居世界第二位，成为世界第一制造大国、第一货物出口大国、重要对外投资国，2017 年 GDP 达到 82.7 万亿元，对世界经济增长贡献率为 32%。实施创新驱动发展战略取得显著成就，科技进步对经济增长的贡献率从 2012 年的 52.2% 提高到 2016 年的 56.2%，铁基高温超导、量子科学、暗物质探测等基础前沿领域实现重大突破，载人航天、深海探测、超级计算、卫星导航等战略高技术领域取得重大原创性成果，C919 大型客机飞上蓝天，高铁、核电、特高压输变电等高端装备大步走向世界。大量科技成果和优秀人才的竞相涌现，发展格局和经济结构的重大变化，为国防和军队现代化提供了丰厚的经济科技和人力资源。

二、国防和军队现代化取得历史性成就

国防和军队现代化加速发展，机械化建设基本完成，信息化建设扎实推进，军队建设实战水平有大的提升，构建中国特色现代军事力量体系迈出关键步伐。

人民军队组织架构和力量体系实现革命性重塑。这次国防和军队改革力度深度广度是新中国成立以来没有过的，我军打破长期实行的总部体制、大军区体制、大陆军体制，形成军委管总、战区主战、军种主建新格局，调整组建新的战区、军兵种和军委机关职能部门，领导指挥体制实现历史性变革。裁减军队员额30万，调整军兵种比例，调整组建联勤保障部队，重构重塑武警部队，部队规模结构和力量编成得到优化。深化军队院校、科研机构、训练机构改革，打造军队院校教育、部队训练实践、军事职业教育三位一体的新型军事人才培养体系。

军事斗争准备取得重大进展。贯彻新形势下积极防御军事战略方针，我军积极进取、主动塑造，军事力量建设和运用实现拓展提升。树立战斗力标准，大抓实战化军事训练，大抓战斗精神培育，大抓联合作战和新型军事人才培养，建设联合后勤、打仗后勤，把我军练兵备战带到一个新水平。组织一系列重大军事行动，开展钓鱼岛维权斗争，划设东海防空识别区，组织海空力量出岛链常态巡航演训和抢险救灾、国际维和，实施海外护航撤侨行动，建立吉布提海外保障基地，加强边境管控、反恐维稳等，有效维护了国家主权、安全、发展利益，提振了国威军威，增强了民族自信心自豪感。

国防科技和武器装备建设大幅提升。全面实施科技兴军战略，

吉布提保障基地进驻营区仪式　　　　　　　（解放军画报社提供）

构建军民融合创新体系，构建新型军事科研体系，设立国防科技"创新特区"，在国防科技创新方面采取了一系列战略举措、取得了一系列重大成就，国防科技和武器装备建设加快由跟跑并跑向并跑领跑转变。天河二号超级计算机、北斗三代卫星导航系统等战略高技术成果不断涌现，高新技术武器装备发展进入"快车道"，我国自主设计建造的航空母舰出坞下水，海军新型主力战舰更新换代，歼-20、运-20 等一批武器装备列装部队，东风系列战略导弹大大提振人心。

三、国家战略目标对国防和军队建设提出新的战略需求

中国的国家战略目标，就是实现"两个一百年"奋斗目标和实现中华民族伟大复兴的中国梦。中国梦是强国梦，对军队来

说就是强军梦。强国必须强军，军强才能国安。随着我国国际地位不断上升，国家安全和发展利益不断拓展，军队在国家安全和发展战略全局中的地位更加突出，肩负的历史责任也更加重大。

新时代我国安全的内涵外延、时空领域、内外因素都发生深刻变化，安全需求的综合性、全域性、外向性特征更加突出，对国防和军队建设提出了前所未有的挑战。实现国家战略目标，贯彻总体国家安全观，需要准确把握新时代条件下的军事战略需求，以此牵引国防和军队建设、改革和军事斗争准备。这些战略需求是：适应维护国家安全和发展利益的新要求，更加注重运用军事力量和手段营造有利战略态势，为实现和平发展提供坚强有力的安全保障；适应国家安全形势发展的新要求，不断创新战略指导和作战思想，确保能打仗、打胜仗；适应世界新军事革命的新要求，高度关注应对新型安全领域挑战，努力抢占新一轮军事竞争的战略制高点；适应国家战略利益发展的新要求，参与地区和国际安全合作，有效维护海外利益安全；适应国家全面深化改革的新要求，坚持走军民融合式发展道路，积极支援国家经济社会建设，坚决维护社会大局稳定，使军队始终成为党巩固执政地位的中坚力量和建设中国特色社会主义的可靠力量。

国防和军队建设取得历史性成就、发生历史性变革，我国国防实力上了一个大台阶。但要看到，我军现代化水平与国家安全需求相比差距还很大，与世界先进军事水平相比差距还很大，我军打现代化战争能力不够、各级干部指挥现代化战争能力不够的问题比较突出。国防和军队现代化进程必须同国家现代化进程相适应，军事能力必须同实现中华民族伟大复兴的战略需求相适应。

我们要以党在新时代的强军目标为指引，正确认识国防和军队建设的历史方位，增强忧患意识和进取精神，以时不我待、只争朝夕的紧迫感，全面推进国防和军队现代化，加快把人民军队全面建成世界一流军队。

第四节　有效履行新时代军队使命任务

我军是执行党的政治任务的武装集团，党和人民所需就是军队使命任务所系。随着时代发展和国家安全环境变化，我军职能使命不断拓展。进入新时代，面对强国复兴的时代召唤，习主席要求我军必须服从服务于党的历史使命，把握新时代国家安全战略需求，担当起党和人民赋予的新时代使命任务。

一、为巩固中国共产党领导和我国社会主义制度提供战略支撑

中国共产党领导是中国特色社会主义最本质的特征，是中国特色社会主义制度的最大优势。坚持党的领导，是党和国家的根本所在、命脉所在，是全国各族人民的利益所系、幸福所系。如果政治安全得不到保障，中国必然会陷入四分五裂、一盘散沙的局面，中华民族伟大复兴就根本无法谈起。巩固党的执政地位，确保国家长治久安，保证社会主义红色江山永不变色，我军具有特殊重要的地位和作用，必须在政治上非常过硬。历史教训证明，关键时刻军队靠不住、顶不住，国家就要出大乱子。当年，

苏共放弃对军队的领导，危急关头军队袖手旁观，美其名曰"保持中立"，甚至有的直接投靠反对派，最后苏联瞬间就分崩离析了。我军要坚定地站在党的旗帜下，坚决维护国家政权安全、制度安全。保卫人民的和平劳动，参加国家建设事业，全心全意为人民服务，是宪法和法律赋予中国武装力量的重要任务。中国武装力量服从服务于中国特色社会主义发展全局，坚决维护政治社会大局稳定，积极参加国家建设和抢险救灾，保障国家发展利益。

二、为捍卫国家主权、统一、领土完整提供战略支撑

领土主权是国家生存与发展的基础。我国是世界上尚未实现完全统一的大国，完成祖国统一是我们党的三大历史任务之一。我们要尽最大努力争取和平统一，但任何时候都不承诺放弃使用武力，任何时候都要坚决威慑和遏制"台独"分裂活动，绝不容忍国家分裂的历史悲剧重演。要严密防范、坚决打击"藏独""东突""港独"等一切形式的分裂活动。我国还同周边多国存在领土主权和海洋权益争端。维护国家主权和领土完整是国家核心利益，是一条不可逾越的底线。绝不允许任何人、任何组织、任何政党、在任何时候、以任何形式、把任何一块中国领土从中国分裂出去！解决好这些问题，是我们必须跨越的关口，也是在实现中华民族伟大复兴历史进程中必须正确处理和应对的重大风险挑战。军队要做好充分准备，确保平时能稳控局势，战时能决战决胜。近年来，我军坚决保卫边防、海防、空防安全，着力加强海上维权军事斗争，加强常态化海空战备

空军绕飞宝岛巡航　　　　　　　　　　　　　（解放军画报社提供）

巡逻，组织一系列海上现场应对行动，有效维护国家主权、安全、发展利益。

三、为拓展我国海外利益提供战略支撑

国家的利益拓展到哪里，安全保障就必须跟进到哪里。随着我国国家利益向全球不断拓展，形成了重大海外利益格局，海外利益安全问题凸显，海外安全保障任务十分艰巨。针对这种情况，我军紧跟国家海外利益拓展进程，着眼为建立健全海外安全保障提供战略支撑，努力增强在更加广阔的空间遂行多样化军事任务能力。近年来，军队多次执行完成海外撤侨任务。2011年2月，利比亚局势急剧动荡，在利比亚的中资机构、企业和人员面临重大安全威胁。我国政府组织了新中国成立以来最大规模的撤离海外公民

行动，共撤出 35860 人，军队派出舰艇、飞机协助在利比亚人员回国。2015 年 3 月也门爆发冲突期间，中国军舰首次直接靠泊交战区域港口，安全撤离多名中国公民和外国公民。

中国维和官兵在马里加奥巡逻　　　　　　　　（解放军画报社提供）

四、为促进世界和平与发展提供战略支撑

中国的安全和发展与世界和平繁荣息息相关。实现中华民族伟大复兴，必须有一个和平的国际环境和周边环境。我国始终是世界和平的建设者、全球发展的贡献者、国际秩序的维护者。随着我国综合国力不断增强，国际影响力、感召力、塑造力不断提高，国际社会对我国关注和重视程度空前提升，我们对维护世界和平所承担的国际责任和义务不断增多。多年来，中国军队积极

参与国际维和、反恐和人道主义救援，加强防扩散国际合作、参与管控热点敏感问题、共同维护国际通道安全等。自 1990 年首次向联合国维和行动派遣军事观察员以来，截至 2018 年底，中国已累计派出 3.8 万余人次维和人员，先后参加 24 项联合国维和行动，21 名军人和警察在维和行动中牺牲。目前，中国是联合国安理会常任理事国中派遣维和军事人员最多的国家。从 2008 年至 2018 年 10 年间，中国海军已连续派出 31 批次舰艇赴亚丁湾、索马里海域为中外船舶护航，圆满完成了 1198 批 6600 余艘次中外船舶护送任务，其中外籍船舶超过半数。2014 年，中国海军护航编队还参与了叙利亚化武海运护航。在西非埃博拉疫情防控、马航失联航班搜寻、马尔代夫首都"水荒"救援、尼泊尔地震救援，50 余次执行国际紧急人道主义物资援助任务等，中国军队

和平方舟医院船在吉布提开展免费医疗服务　　　　（解放军画报社提供）

展示了负责任的大国军队形象，体现了为维护国际和平与安全的担当。

[案 例]

航行深蓝的"和平方舟"
——海军"亚丁湾"远海护航行动的做法

2008年12月以来，人民海军为打击亚丁湾海域猖獗的海盗活动、维护国际航道安全，派出多批次舰艇编队执行护航任务，有效维护了亚丁湾、索马里海域的海上交通要道安全，展示了中国负责任大国的良好形象。

亚丁湾地处亚非海上交通要冲，是印度洋进入地中海的必经之路，与红海、苏伊士运河构成了连接欧亚的"黄金水道"。2008年前后，位于亚丁湾南岸的索马里，受政局动荡和内战等影响，成为海盗活动滋生的土壤，亚丁湾周边海域海盗年均作案次数200余起、近100艘船只遭劫持，且有愈发猖獗之势，对国际海上航运安全构成严重威胁，引起了国际社会的高度关注。联合国先后出台6项决议，呼吁各国采取行动。决议通过不久，美国、英国、法国等10多个国家和国际组织相继派出舰艇和飞机赴亚丁湾、索马里海域护航和打击海盗。中国作为联合国安理会五个常任理事国之一，派出海军参与到护航和打击海盗行动中。

2008年12月26日，人民海军派出了由武汉舰、海口舰、微山湖舰组成的首批护航舰艇编队，赴亚丁湾、索马里海域维护重要航运交通线安全，此后每年常态部署3至5艘舰艇赴亚丁湾连续不间断执行护航任务，每批护航舰艇3至4个月轮换1次。中国海军在亚丁湾的索科特拉岛东北和曼德海峡南口附近各设立1个会合点，2点连线构成护航航线，并根据印度洋季风变化和海盗活动情况视情调整护航航线长度，通常在400海里至600海里之间。护航行动实施以来，中国海军对护航航线进行了多次优化调整，灵活采取区域护航、接力护航和随船护卫等方式，尽量将护航区域向海盗频繁活动区域拓展，以最大限度保障亚丁湾过航船舶安全。

为进一步发挥国际反海盗护航兵力的使用效益，2011年9月在巴林召开的第21次"信息共享与防止冲突"（SHADE）会议上，中国海军与印度、日本等独立护航国家统筹协调安排会合点及启航时间，2012年第四季度韩国护航舰艇也参加了护航班期协调。目前，通过中国与印度、日本、韩国海军轮流主导协调、统筹制订护航计划，每2至3个月向过往商船公布1次护航班期，避免了各国护航舰艇的"空跑率"，切实提升了护航行动的整体效益。

截至2018年12月，中国海军护航10年，先后派出了 31 批护航编队、2.6 万余名官兵，安全护送了 1198 批 6600 余艘中外船舶，成功解救、接护和救助了 70 余艘遇险中外船舶，查证驱离可疑船只 2600 余艘次，确保了被护航船舶和编队自身绝对安全。通过中国海军和国际反海盗力量的共同努力，亚丁湾周边海盗活动由 2008 年至 2011 年年均发生 200 余起袭船事件，逐步呈现出减弱消亡趋势，2012 年至 2016 年的海盗袭击次数分别为 87、69、34、15、6 起，2015 年、2016 年未发生 1 起成功劫船事件，海盗活动处于被压制状态。

护航期间，应有关国家请求和国际人道主义援助需要，组织护航舰艇赴地中海为撤离我驻利比亚受困人员船舶护航，与俄罗斯、丹麦、挪威舰艇共同为运输叙利亚化武船只护航，赴马尔代夫紧急提供淡水，赴索马里以东武装接护海盗释放船员等急难险重任务，特别是 2015 年第 19 批护航编队（临沂舰、潍坊舰、微山湖舰）紧急赴也门亚丁港、荷台达港，圆满完成了 16 国 897 名中外人员的撤离任务，受到了国际社会的广泛赞誉。

同时，中国海军护航舰艇积极与世界各国海军开展务实、高效交流合作，先后与美盟 151 编队、欧盟 465 编队、北约 508 编队以及俄罗斯、新加坡、荷兰、韩国等国军舰开展指挥官会面 70 余次，通过"水星网"等渠道与各护航力量建设了情报互通共享的常态化机制，多次与外军护航舰艇进行互派军官驻舰考察、联合护航和反海盗联合演练等行动。中国海军组织护航舰艇

执行护航任务的中国海军赴也门执行撤离中国
公民任务 　　　　　　（解放军画报社提供）

结合轮换，广泛开展务实军事外交活动，先后访问了 3
大洋 6 大洲的 63 个国家。特别是第 20 批护航编队（济
南舰、益阳舰、千岛湖舰）结束护航即转入环球访问，
出访了 6 大洲的 16 个国家 18 港。

护航行动任重道远。2017 年，受索马里政府换届、
"青年党"恐怖组织制造恐慌、自然灾害，以及国际反

海盗力量从该区域撤出等综合作用影响（北约 508 编队 2016 年底宣布结束反海盗行动，相关国家也相应减少了护航舰艇规模），海盗活动死灰复燃、强力反弹，袭船事件大幅增多。仅 2017 年 3 月，亚丁湾周边海域就连续发生 7 起袭船事件，3 艘船舶遭海盗劫持。同年 4 月 9 日，中国海军在亚丁湾护航的玉林舰成功解救了遭劫持的 1 艘图瓦卢货船，保证了 19 名船员的安全，并将其安全护送至也门亚丁港。

中国将始终以负责任大国的担当精神，在该地区继续常态部署海军力量，震慑和遏制海盗的违法行为，实现对维护世界和平与地区安全、推动建设和谐海洋的庄严承诺。

∽ 本章小结 ∽

新时代国际战略形势深刻变化，亚太地区战略格局深刻演变，我国周边安全环境错综复杂，国家安全和发展面临新的风险挑战。世界新军事革命进入新的历史阶段，国防和军队建设站在新的历史起点上。我军承担着为巩固中国共产党领导和我国社会主义制度提供战略支撑，为捍卫国家主权、统一、领土完整提供战略支撑，为拓展我国海外利益提供战略支撑，为促进世界和平与发展提供战略支撑的新时代使命任务。

【思考题】

1.当前国际战略格局的总体特点是什么？

2.我国国家安全面临哪些主要威胁？

3.世界新军事革命的主要特点是什么？

第二章
实现党在新时代的强军目标

目标引领方向，目标激发力量。进入新时代，习主席着眼于实现中国梦提出了强军梦，明确党在新时代的强军目标是建设一支听党指挥、能打胜仗、作风优良的人民军队，把人民军队建设成为世界一流军队。这一目标明确了国防和军队建设的聚焦点着力点，是新的历史条件下我们党建军治军的总方略，为在新的起点上推进国防和军队现代化建设提供了根本引领。

第一节　建设强大的人民军队是我们党的不懈追求

在各个历史时期，我们党都根据形势任务的变化，明确提出人民军队建设发展的目标要求，引领我军建设不断向前发展。

1927 年南昌起义，打响了武装反抗国民党反动派第一枪，中国共产党从此走向独立领导武装斗争的道路。此后，经过秋收起义、广州起义等大大小小的起义，中国共产党开始了创建人民军队的进程。1927年，在率秋收起义部队沿罗霄山脉南下的途中，毛泽东同志在三湾对起义部队进行了改编，成为党建设新型人民军队的重要开端。在1929年的古田会议中，人民军队的建军原则得到了坚持和完善。在长征途中战胜张国焘分裂主义斗争后，人民军队的建军原则和制度在全军牢固地树立起来。在抗日战争、解放战争的炮火烽烟中，人民军队建军治军的原则和制度不断完善。

古田会议（油画）　　　　　　　　　　　　　　（新华社提供）

新中国成立后，我军确立了建设优良的现代化革命军队的总方针总任务，确立积极防御的军事战略方针，主张走自力更生为主、争取外援为辅、破除迷信、独立自主的建军路线。建设海军、空军以及其他技术兵种，发展机械化武器装备和用于自卫的核武器，建立正规化军事制度和院校教育体系，加强思想政治工作，在军队指挥、编制、训练、制度等方面实现一系列变革，开始由军队建设的初级阶段向掌握现代化军事科学技术的高级阶段转变。

20 世纪 70 年代末至 80 年代，我军走上中国特色精兵之路。依据和平与发展成为时代主题的科学判断，实现军队建设指导思想的战略性转变，即由准备"早打、大打、打核战争"的临战状态，转到和平时期建设的轨道上来，在服从和服务于国家建设大局的前提下，有计划有步骤地推进现代化建设。确立建设强大的现代化正规化革命军队的总目标，开创有中国特色的精兵之路。军队进行重大调整改革，裁减员额 100 万，朝着精兵、合成、高效的方向迈出重要一步。

进入 20 世纪 90 年代，我军积极推进中国特色军事变革。确立以打赢现代技术特别是高技术条件下局部战争为基点的新时期积极防御军事战略方针，实施科技强军战略，制定国防和军队现代化"三步走"的发展战略，推进国防建设与经济建设协调发展。把中国特色军事变革作为军队现代化发展的必由之路，提出建设信息化军队、打赢信息化战争的战略目标。军队以军事斗争准备为牵引，加快武器装备发展，加强军兵种和应急机动作战部队建设，优化体制编制，进一步裁减员额，防卫作战能力显著提升。

新世纪新阶段，我军努力开创现代化建设新局面。坚持把科学发展观作为国防和军队建设的重要指导方针，统筹经济建设和国防建设，全面履行新的历史使命，增强应对多种安全威胁、完成多样化军事任务的能力。军队加快机械化和信息化复合发展，积极开展信息化条件下军事训练，推进军事理论、军事技术、军事组织和军事管理创新，不断提高打赢信息化条件下局部战争的核心军事能力和实施非战争军事行动的能力。

　　站在新的历史起点上，我军坚定不移走中国特色强军之路，全面推进国防和军队现代化。紧紧围绕我军如何为实现中国梦提供战略支撑、打赢信息化局部战争等问题，提出新时代军队使命任务，着眼实现党在新时代的强军目标、把我军全面建成世界一流军队，制定新形势下军事战略方针，全面提高新时代备战打仗能力，推进政治建军、改革强军、科技兴军、依法治军，确立更加注重聚焦实战、更加注重创新驱动、更加注重体系建设、更加注重集约高效、更加注重军民融合的"五个更加注重"战略指导，推动治军方式"三个根本性转变"（即从单纯依靠行政命令的做法向依法行政的根本性转变，从单纯靠习惯和经验开展工作的方式向依靠法规和制度开展工作的根本性转变，从突击式、运动式抓工作的方式向按条令条

驻闽某部组织官兵到古田会议会址开展强军主题教育活动

（解放军画报社提供）

例办事的根本性转变），构建一体化的国家战略体系和能力，开创了强军兴军新局面。

[知识链接]

古田会议

1929 年 12 月 28—29 日，中国工农红军第四军在福建省上杭县古田镇召开了第九次代表大会，提出了解决把以农民为主要成分的军队建设成为无产阶级性质的新型人民军队这个根本性问题的原则方向，是中国共产党人民军队建设史上的重要里程碑。2014 年 10 月 30 日—11 月 2 日，全军政治工作会议在福建古田召开，会议科学回答并解决了加强和改进新形势下人民军队政治工作带根本性方向性全局性的重大问题，确立了中国共产党在强国强军征程中政治建军的大方略，全面开拓了军队政治工作的崭新境界。

第二节　建设一支听党指挥、能打胜仗、作风优良的人民军队

新的时代条件下，如何把人民军队继续带好、把各项建设不

断推向前进，是关系军队建设的大问题。习主席 2012 年 11 月在参观《复兴之路》展览时鲜明指出，实现中华民族伟大复兴，就是中华民族近代以来最伟大的梦想；2012 年 12 月在与驻广州部队师以上领导干部合影后的即席讲话中进一步指出，实现中华民族伟大复兴就是强国梦，对于军队来讲也是强军梦；2013 年 3 月在十二届全国人大一次会议解放军代表团全体会议上提出，建设一支听党指挥、能打胜仗、作风优良的人民军队这一党在新形势下的强军目标；2016 年 2 月在军队一次重要会议上提出，实现强军目标、建设世界一流军队；2017 年 10 月在党的十九大报告中提出，党在新时代的强军目标是建设一支听党指挥、能打胜仗、作风优良的人民军队，把人民军队建设成为世界一流军队。

党在新时代的强军目标，总结我们党建军治军成功经验，适应国际战略形势和国家安全环境发展变化，着力解决军队建设面临的突出矛盾和问题，是对当今时代军队建设客观规律的深刻把握和科学运用。党在新时代的强军目标明确了我们党领导的人民军队的样子，决定着军队发展方向也决定着军队生死存亡。

听党指挥是灵魂，决定军队建设的政治方向。听党指挥是我军建设的首要，是我军的命脉所在。这一条丢了，其他工作再怎么做，最终也会全盘皆输。我军能够无往而不胜，最终战胜一切敌人而不为敌人所压倒，坚决听党指挥是我们的建军之本、强军之魂。这是一切敌人最惧怕的一点，也是保证我们党长期执政、国家长治久安的根本法宝。无论时代如何发展、形势如何变化，我们这支军队永远是党的军队、人民的军队、社会主义国家的军队。必须铸牢听党指挥这个强军之魂，确保部队绝对忠诚、绝对纯洁、绝对可靠。

能打胜仗是核心，反映军队的根本职能和军队建设的根本指向。军队首先是一个战斗队，是为打仗而存在的，必须坚持一切建设和工作向能打胜仗聚焦。中国坚持走和平发展道路，决不干称王称霸的事，决不会搞侵略扩张，但如果有人要把战争强加到我们头上，必须能够决战决胜。能战方能止战，准备打才可能不必打，越不能打越可能挨打，这就是战争与和平的辩证法。俗话说，文无第一，武无第二。我军素以能征善战著称于世，创造过许多辉煌的战绩。但能打胜仗的能力标准是随着战争实践发展而不断变化的，以前能打胜仗不等于现在能打胜仗。我军打现代化战争能力不够、各级干部指挥现代化战争能力不够的问题依然很现实地存在着。必须扭住能打仗、打胜仗这个强军之要，确保部队召之即来、来之能战、战之必胜。

作风优良是保证，关系军队的性质、宗旨、本色。"军纪者，军事之命脉也。"古往今来，作风优良才能塑造英雄部队，作风松散可以搞垮常胜之师。在长期实践中，我军培育和形成了一整套光荣传统和优良作风，这是人民军队的鲜明特色和政治优势。能否保持我党我军的光荣传统和优良作风，关系军队生死存亡，关系党和国家事业兴衰成败，关系社会主义红色江山会不会改变颜色。过去一个时期，部队出现了作风涣散、纪律松弛、腐化堕落等现象，严重玷污了我军性质、宗旨、本色。风清弊绝，才能实现强军目标。必须夯实依法治军、从严治军这个强军之基，确保我军血脉永续、根基永固、优势永存。

听党指挥、能打胜仗、作风优良，三者相互联系、密不可分，

《建设一支听党指挥能打胜仗作风优良的人民军队》，摘自《人民日报》2016年5月10日

与我们党一以贯之的建军治军指导思想和方针原则是一致的，与革命化现代化正规化建设相统一的全面建设思想是一致的，统一于建设强大人民军队的实践。全军要准确把握这一强军目标，用以引领军队建设、改革和军事斗争准备，并在各个领域各个单位深入贯彻落实强军目标，努力把国防和军队建设提高到一个新水平。

第三节　全面推进国防和军队现代化的战略安排

国防和军队现代化进程必须同国家现代化进程相适应，军事能力必须同实现中华民族伟大复兴的战略需求相适应。在"两个一百年"奋斗目标的历史交汇期，加快把国防和军队建设搞上去，必须以更高的站位、更全面的视域、更长远的眼光搞好军队建设发展的顶层设计和战略谋划。新的时代条件下，习主席把国防和军队建设放在实现中华民族伟大复兴大目标下一体运筹，纳入中国特色社会主义事业总体布局一体推进，对全面推进国防和军队现代化作出新的战略安排，强调到2020年基本实现机械化，信息化建设取得重大进展，战略能力有大的提升。同国家现代化进程相一致，全面推进军事理论现代化、军队组织形态现代化、军事人员现代化、武器装备现代化，力争到2035年基本实现国防和军队现代化，到本世纪中叶把人民军队全面建成世界一流军队。

全面推进国防和军队现代化的战略安排内涵丰富，体现了以

习近平同志为核心的党中央的深远谋划。到 2020 年基本实现机械化，信息化建设取得重大进展，战略能力有大的提升，是全面建成小康社会的应有之义和重要保证。到 2035 年基本实现国防和军队现代化，在实现 2020 年目标任务的基础上，全面推进"四个现代化"，形成具有时代性、引领性、独特性的军事理论体系，构建符合规律的科学制度机制，打造宏大的高素质新型军事人才队伍，建成适应现代战争和履行使命任务要求的武器装备体系，全面提高基于网络信息体系的联合作战能力、全域作战能力，意味着将原来的"三步走"发展战略第三步目标实现时间提前了 15 年，彰显了我们党加快强军步伐的决心气魄。到本世纪中叶把人民军队全面建成同我国强国地位相称、能够全面有效维护国家安全、具备强大国际影响力的世界一流军队，这一目标蓝图适应了我国日益走近世界舞台中央的时代要求，把军事力量建设和运用的视野拓展到全球范围，体现了中国特色社会主义新时代对强军的战略要求。

全面推进国防和军队现代化的战略安排，与国家发展战略相协调。1987 年党的十三大对我国 20 世纪末至 21 世纪中叶的发展进行安排，提出了"三步走"的发展战略。1997 年党的十五大对 21 世纪头 20 年国家的发展作出具体部署。同国家发展"三步走"战略相适应，1997 年底，我们党提出了到 21 世纪中叶国防和军队"三步走"发展战略：第一步，从 1997 年到 2010 年，用十几年时间，努力实现新时期军事战略方针提出的各项要求，为国防和军队现代化打下坚实基础。第二步，21 世纪的第二个 10 年，随着国家经济实力的增长和军费的相应增加，加快我军质量建设的步伐，适当加大发展高技术武器装备的力度，完善武器装备体系，全面提高部队素质，进一步优化体制编制，基本实现机械化并使信息化建设取得重大进展。第三步，再经过30年的努力，到21世纪中叶，基本实现国防和军队现代化的目标。党的十九大对我国2020年到本世纪中叶间的发展作出新的战略安排，明确从2020年到2035年，基本实现社会主义现代化，从2035年到本世纪中叶，把我国建成富强民主文明和谐美丽的社会主义现代化强国。同国家现代化建设进程相适应，国防和军队现代化新的战略安排相应确定了2020年、2035年和2050年三个时间节点，与十九大确定的国家发展的时间节点完全一致，体现了同国家现代化进程相一致、强国与强军相统一的战略考量。

全面推进国防和军队现代化的战略安排，立足于军队自身的建设发展。按照1997年提出的国防和军队"三步走"发展战略的规划，我军经过几十年的快速发展，已经顺利完成了第一步的发展任务，国防和军队现代化建设取得长足发展，为进一步发展打下了良好基础。但同时也要看到，我军建设仍然面临着一些突出矛盾和问题，我军现代化水平与国家安全需求相比差距还很大，与世界先进军事水平相比差距还很大。适应形势任务发展变化，为指导国防和军队建设扎实推进，我们确立新的战略安排，兼顾现实与可能，既适应了军队现阶段发展水平，又充分考虑到未来国家由大向强发展的安全需求和军队自身建设可能达到的高度，为我军建设发展提出了明确的路线图。

新的战略安排对于军队而言，就是在习近平强军思想的引领下由大向强，全面建成世界一流军队。建设世界一流军队，不能只是与自己过去比，而是要与对手特别是强国军队比、与世界一流军队比。参照系的调整，意味着国防和军队现代化将大大提速，与世界强国军队比肩发展。对于国家而言，就是在由大向强、建成社会主义现代化强国的过程中，加快建设巩固国防和强大人民军队，为国家发展、民族复兴提供坚强的安全保障。

第四节　确立"五个更加注重"的军队建设发展战略指导

顺应时代和实践发展的新要求，针对我军发展中的突出矛盾和问题，国防和军队现代化建设必须转换发展模式，确立更加注重聚焦实战、更加注重创新驱动、更加注重体系建设、更加注重集约高效、更加注重军民融合的"五个更加注重"战略指导，努力实现更高质量、更高效益、更可持续的发展。

更加注重聚焦实战。军队首先是一个战斗队，必须把全部心思向打仗聚焦，使各项工作向打仗用劲。我军许多年没打过仗了，尤其缺乏信息化条件下作战的经验，部队建设中因而出现了一些同实战贴得不紧的现象。必须坚持战斗力这个唯一的根本的标准，坚决纠正同实战要求不符的一切思想和行为，确保部队建设发展经得起实战检验。提高军队建设实战水平，关键是要强化作战需求牵引，把作战需求搞准搞透。现在，一些重大建设项目耗资巨大，如果作战需求搞不准，投下去了，不仅会影响战斗力建设，而且会造成巨大财力浪费，耽误军事斗争准备时机。规划实质上是设计军队的未来，必须有战略视野和前瞻眼光，着眼未来进行筹划，把需求牵引规划、规划主导资源配置作为一个基本原则鲜明地立起来，加紧研究构建具有我军特色的作战需求生成机制，确保作战需求贯彻到国防和军队建设各方面和全过程。

更加注重创新驱动。靠改革创新推动国防和军队建设实现新跨越，是决定我军前途命运的一个关键。需要把创新摆在军队建设发展全局的核心位置，深入实施创新驱动发展战略，推进军事理论、技术、组织、管理、文化等各方面创新，不断提高创新对战斗力增长的贡献率。下大气力抓理论创新，大力推进马克思主义军事理论创新，加快形成具有时代性、引领性、独特性的军事理论体系，为强军兴军实践提供科学理论支撑。下大气力抓科技创新，加紧攻克核心关键技术等方面的老大难问题，加紧提高信息网络自主可控水平，加紧在一些战略必争领域形成独特优势，实现由跟跑并跑向并跑领跑转变。下大气力抓科学管理，更新管理理念、完善管理体系、优化管理流程，提高专业化、精细化、科学化水平，推动我军向质量效能型转变。下大气力抓人才集聚，积极创新人才培养、引进、保留、使用的体制机制和政策制度，形成各类人才创造活力竞相迸发的生动局面。下大气力抓实践创新，发挥官兵首创精神，弘扬创新文化、营造创新氛围，使谋划创新、推动创新、落实创新成为全军的自觉行动。

更加注重体系建设。信息化战争拼的就是体系，作战行动讲究联合性、协调性、整体性。这对成体系筹划和推进军事力量建设提出了刚性要求。需要牢固确立信息主导、体系建设的思想，以对作战体系的贡献率为标准推进各项建设，统筹机械化、信息化建设，统筹各战区、各军兵种建设，统筹作战力量、支援保障力量建设，全面提高我军体系作战能力。扭住网络信息体系这个抓手，推动信息化建设实现跨越式发展，运用信息技术的渗透性和联通性，把各种作战力量、作战单元、作战要素融合为一个有机整体。推进新型作战力量建设加速发展、一体发展，加大"腾笼换鸟"力度，努力打造以精锐作战力量为主体的军事力量体系。坚持你打你的、我打我的，坚持非对称思想，坚持敌人怕什么就发展什么，加快推进战略力量和非对称制衡力量建设，不断提高有效慑敌制敌战略能力。

更加注重集约高效。我军组织结构日益复杂，专业分工更加精细，对标准化、规范化、精细化的要求越来越高。这是当今现代化军队发展的一个基本特征。但长期以来，一些部队抓工作大而化之，发展方式粗放，组织实施不精准。军队建设发展需要做到精准谋划、精准规划、精准部署、精准落实、精准检验，对解决什么问题、怎样解决问题、怎样叫解决了问题，都要贯彻精准原则，加快推进以效能为核心的军事管理革命，健全以精准为导向的管理体系，提高国防和军队发展精准度。改进决策方式和程序，建立健全决策咨询制度，完善信息和智力支持系统，提高决策科学化水平，强化规划执行力，把军队建设发展各项规划任务落到实处。把过程控制摆在战略位置来抓，加强专业化评估，加强督导的针对性和刚性约束，加强相机调控、定向调控，健全重大任务跨部门协调推进机制，确保各项决策部署落地生根。统筹调配经费、人才、装备、设施等重大资源，强化集中统管，统筹增量和存量，合理确定增量资源的投向和投量，统筹调剂存量资源特别是闲置资源，以结余补不足，以闲置补急需。

更加注重军民融合。解决好体制机制问题，健全相应的组织管理体系、工作运行体系、政策制度体系。坚持国家主导、需求牵引、市场运作相统一，探索建立军地协调、需求对接、资源共享机制。推动军民融合发展，军地双方都需深化认识，更新思想观念，打破利益壁垒，做到应融则融、能融尽融。海洋、太空、网络空间对我国安全和发展的重要性日益凸显，要把这些领域作为军民融合的重点突出出来，合力建设海洋强国、航天强国、网络强国。军队要改变自成体系、相对封闭的发展模式，加快把军队建设融入经济社会发展体系。

"五个更加注重"的战略指导，围绕如何实现党在新时代的强军目标、建设世界一流军队，明确了新时代国防和军队建设的基点、动力和路径，必将引领国防和军队建设发展方式深刻变革，大大提高国防和军队现代化建设的质量效益。

本章小结

建设强大的人民军队是我们党的不懈追求。以习近平同志为核心的党中央，着眼实现强国梦强军梦，明确了建设一支听党指挥、能打胜仗、作风优良的人民军队这一党在新时代的强军目标，阐明到本世纪中叶把人民军队全面建成世界一流军队的战略安排，确立了更加注重聚焦实战、更加注重创新驱动、更加注重体系建设、更加注重集约高效、更加注重军民融合的军队建设发展战略指导。这些思想抓住了新时代强军兴军的根本和要害，引领新时代强军理论和实践不断开辟新境界。

【思考题】

1. 如何理解党在新时代的强军目标?

2. 如何理解全面推进国防和军队现代化的战略安排?

3. 军队建设发展战略指导的科学内涵是什么?

第三章

实行防御性国防政策和
积极防御军事战略

国防政策是国家制定的一定时期内指导国防活动的基本行动准则，是国家内外政策在国防安全领域的集中体现。军事战略是筹划和指导战争全局的方针和策略，是国防政策的重要内容。中国奉行防御性的国防政策，实行积极防御的军事战略，加强国防建设的目的是维护国家主权和领土完整，保障国家和平发展。

第一节　奉行防御性国防政策

防御性国防政策，就是以保卫国家安全、防备和抵抗侵略、维护世界和平为根本目的的国防政策。《中华人民共和国宪法》明确规定，中国武装力量的任务是巩固国防，抵抗侵略，保卫祖国，保卫人民的和平劳动，参加国家建设事业，努力为人民服务。《中华人民共和国国防法》明确规定，中国在对外军事关系中，维护世界和平，反对侵略扩张行为。我国的发展道路、根本任务、对外政策和历史文化传统，决定了我国必然实行防御性国防政策。

坚定不移走和平发展道路。和平发展是根据时代发展潮流和国家根本利益作出的战略抉择，是中国特色社会主义的必然选择。中国特色社会主义坚持创新、协调、绿色、开放、共享的发展理念，推动构建人类命运共同体，建设持久和平、普遍安全、共同繁荣、开放包容、清洁美丽的世界。实现中华民族伟大复兴的中国梦离不开和平的国际环境和稳定的国际秩序，这就决定了我们的发展不可能走资本主义国家武力崛起和侵略扩张的道路。和平发展道路强调发展的和平性、开放性、合作性、互惠性，既通过维护世界和平发展自己，又通过自身发展维护世界和平，这就从根本上规定了我国国防政策的防御性质。

坚定不移推进改革开放和社会主义现代化建设。从全面建成小康社会到基本实现现代化，再到全面建成社会主义现代化强国，是新时代中国特色社会主义发展的战略安排。经过40年的努力，解决人民温饱问题、人民生活总体上达到小康水平这两个目标已提前实现。但是，我国仍处于并将长期处于社会主义初级阶段的基本国情没有变，我国是世界最大发展中国家的国际地位没有变。我国国防必须服从服务于国家发展战略和安全战略，为实现"两个一百年"奋斗目标和中华民族伟大复兴的中国梦提供坚强的安全保障。

坚定不移奉行独立自主的和平外交政策。中国人民极为珍惜现今来之不易的独立自主权利，始终把维护国家主权、统一、领土完整和安全放在第一位。中国尊重各国人民自主选择发展道路的权利，维护国际公平正义，反对把自己的意志强加于人，反对干涉别国内政，反对以强凌弱。中国决不会以牺牲别国利益为代价来发展自己，也决不放弃自己的正当权益，任何人不要幻想让中国吞下损害自身利益的苦果。中国无论发展到什么程度，始终奉行独立自主的和平外交政策和防御性国防政策，永远不称霸，永远不搞扩张。

坚定不移秉承中华民族优秀文化传统。中国是一个有五千年文明历史的国家，历来热爱和平、追求和谐，崇尚"以和为贵""亲仁善邻""协和万邦"。举世闻名的"丝绸之路"是一条贸易之路、文化之路、和平之路，铭刻下中国古人追求同各国人民友好交流、互利合作的历史足迹。中国的和谐文化表现在军事上，就是主张用非军事手段来解决争端、慎重对待战争和战略上后发制人。新中国成立后为维护主权和安全进行的自卫战争，没有侵占任何外国一寸土地，没有侵犯过任何外国的主权，没有以不平等关系强加于任何外国。

防御性国防政策的基本原则不会改变，但其时代内涵将随着安全形势和国防需求的变化而变化。这种新变化具体表现为：一是范围拓展，生存安全问题和发展安全问题、传统安全问题和非传统安全问题相互交织，发展中的安全问题日益突出，维护国家统一、维护领土完整、维护发展利益任务艰巨繁重。二是目标拓展，从打赢战争到遏制战争，从争取和平到维护和平，维护国家和平发展、维护世界和平成为国防的基本目标。三是任务拓展，实现巩固内部安全与防范外来威胁的统一，应对传统安全威胁和新型安全挑战的统一，提高军队应对各种安全威胁、完成多样化军事任务的能力。四是手段拓展，在立足打赢信息化局部战争的基础上，增强军事手段运用的积极性和主动性，密切配合政治、经济、外交、文化、法律等手段，实现国家的综合安全。

新时代中国的国防政策，主要包括以下内容：

一是捍卫国家主权、安全、发展利益。人民军队履行新时代使命任务，为巩固中国共产党领导和中国社会主义制度提供战略支撑，为捍卫国家主权、统一、领土完整提供战略支撑，为拓展我国海外利益提供战略支撑，为促进世界和平与发展提供战略支撑。始终奉行不首先使用核武器的政策，坚持自卫防御的核战略。

二是全面推进国防和军队现代化。按照国防和军队现代化建设新的"三步走"战略安排，到 2035 年基本实现国防和军队现代化，到本世纪中叶把人民军队全面建成世界一流军队。全面推进军事理论现代化、军队组织形态现代化、军事人员现代化、武器装备现代化。

三是坚持走中国特色强军之路。全面贯彻习近平强军思想，坚持政治建军、改革强军、科技兴军、依法治军，建设一支听党指挥、能打胜仗、作风优良的人民军队。继续深化国防和军队改革，推进军事管理革命，完善中国特色社会主义军事制度。

四是贯彻积极防御军事战略。适应战争形态和作战样式发展新趋势，创新发展军事战略指导，构建中国特色现代作战体系。扎实做好各战略方向、各安全领域军事斗争准备，发挥人民战争的整体威力，有效塑造态势、管控危机、遏制战争、打赢战争。

五是推进军民融合深度发展。坚持发展和安全兼顾、富国和强军统一，形成全要素、多领域、高效益的军民融合深度发展格局，促进经济建设和国防建设协调发展、平衡发展、兼容发展，完善国防动员体系，构建一体化的国家战略体系和能力。

六是维护地区和世界和平。坚持共同安全、综合安全、合作安全、可持续安全的安全观和共商共建共享的全球治理观，发展不结盟、不对抗、不针对第三方的军事合作关系，推动建立公平有效的集体安全机制和军事互信机制。积极拓展军事安全合作空间，营造有利于国家和平发展的安全环境。

第二节　实行积极防御军事战略

积极防御战略思想是我们党军事战略思想的基本点，是我军一贯坚持的总方针和克敌制胜的法宝。在长期革命战争实践中，人民军队形成了一整套积极防御战略思想。积极防御的实质是攻势防御，坚持战略上的防御与战役战斗上的进攻的统一，坚持防御、自卫、后发制人的原则，坚持"人不犯我，我不犯人；人若犯我，我必犯人"。

新中国成立后，党中央、中央军委根据国家安全形势发展变化，对军事战略方针进行了多次重大调整。20 世纪 50 年代中期，中央军委确定了积极防御战略方针。60 年代至 70 年代，为了对付外敌大规模入侵，先后采取"有顶有放、诱敌深入、纵深歼敌""积极防御、诱敌深入"的战略方针，1980 年重新调整为积极防御战略方针。1988 年，提出稳定北线、加强南线、强边固防、经略海洋的战略指导。1993 年，制定新时期军事战略方针，以打赢现代技术特别是高技术条件下局部战争为基点。2004 年，充实完善新时期军事战略方针，把军事斗争准备基点进一步调整为打赢信息化条件下的局部战争。2014 年，制定新形势下军事战略方针，将军事斗争准备基点放到打赢信息化局部战争上，以海上方向军事斗争为战略重心。2019 年，强调全军要深入贯彻习近平强军思想，深入贯彻新时代军事战略方针，在新的起点上做好军事斗争准备工作。

我国社会主义性质和国家根本利益，走和平发展道路的客观要求，决定了我们必须毫不动摇地坚持积极防御战略思想。坚持积极防御战略思想，有利于我们占领道义制高点、掌握政治和外交主动，服务于以武止戈，保障国家和平发展，也能够使我们避免陷入战争泥潭。这是总结历史经验、科学判断现实和未来得出的结论，绝不是权宜之计。

积极防御的内涵是随着时代的发展而不断发展的，不是固化的、狭义的。现在，国家安全问题范围和领域不断扩大，军队担负的职能任务不断拓展，军事力量运用日益常态化，运用方式越来越多样化。这就要求我们坚持积极防御战略思想，同时深刻把握国家安全内涵和外延的发展变化，进一步丰富发展积极防御的时代内涵，以防御为根本，在"积极"二字上做文章。

实行积极防御军事战略必须服从服务于党和国家战略全局，落实总体国家安全观，积极适应战略竞争新格局、国家安全新需求、现代战争新形态，更加突出深远经略、更加突出综合博弈、更加突出全域联合，主动塑造态势，积极管控危机，坚决遏制和打赢局部战争，有效履行新时代军队使命任务。增强战略指导的积极性和主动性，整体运筹备战与止战、维权与维稳、威慑与实战、战争行动与和平时期军事力量运用。在指导重心上，由注重战争指导向塑造态势、管控危机前移，重视运用军事力量和手段营造和平发展的良好环境。在战略态势上，由战略内线向战略内线与外线相结合转变，前推战略前沿，扩大战略回旋空间。在力量布局上，由立足国土防御、近海防御向维护海外利益、远海防卫拓展，稳妥积极推进军事力量走出去。在力量运用上，由主要遂行战争行动向军事力量多样化常态化运用发展，拓展军事力量和手段运用的方式方法，注重发挥战略威慑作用，努力实现不战而屈人之兵。

在新的历史条件下，坚持积极防御军事战略，要把新时代军事战略思想立起来，把新时代军事战略方针立起来，把备战打仗指挥棒立起来，把抓备战打仗的责任担当立起来。要强化战斗队思想，坚持战斗力这个唯一的根本的标准，各项工作和建设、各方面力量和资源都要聚焦军事斗争准备、服务军事斗争准备，推动军事斗争准备工作有一个很大加强。要深化战争和作战筹划，确保一旦有事能快速有效应对。要加快推进联合作战指挥体系建设，提升联合作战指挥能力。要加强新型作战力量建设，增加新质战斗力比重。要大抓实战化军事训练，提高练兵备战质量和水平。要坚持问题导向，对突出短板弱项要扭住不放、持续用力，一个问题一个问题解决，确保取得成效。

实行积极防御军事战略，主要把握以下几点：

一是坚持我军战略指导原则。主要包括：服从服务于国家战略目标，有效塑造态势、管控危机、遏制战争、打赢战争；营造有利于国家和平发展的战略态势，坚持政治、军事、经济、外交等领域斗争密切配合；保持维权维稳平衡，维护国家领土主权和海洋权益，维护周边安全稳定；努力争取军事斗争战略主动，积极运筹谋划各方向各领域军事斗争；运用灵活机动的战略战术，发挥联合作战整体效能，综合运用战法手段；立足应对最复杂最困难情况，坚持底线思维，确保妥善应对、措置裕如；充分发挥人民军队特有的政治优势，坚持党对军队的绝对领导，密切军政军民关系；坚持全民国防，用好克敌制胜特有法宝，创新人民战争的战略战术和内容方法，充分发挥人民战争整体威力；积极拓展军事安全合作空间，深化与大国、周边、发展中国家的军事关系，促进建立地区安全和合作架构。

驻守在海拔 5380 米的神仙湾哨所官兵正在执勤巡逻　　（解放军画报社提供）

二是立足打赢信息化局部战争。根据战争形态演变、国家安全形势和我军信息化建设加速发展的实际，基于陆海空天电的多维战场环境，将军事斗争准备基点放在打赢信息化局部战争上，有效控制重大危机，妥善应对连锁反应，坚决捍卫国家领土主权、统一和安全。同时，加快军事智能化发展，坚持以机械化、信息化支撑智能化，以智能化牵引机械化、信息化，推动机械化、信息化、智能化融合发展。

三是优化军事战略布局。根据我国地缘战略环境、面临安全威胁和军队战略任务，适应经略海洋、经略周边和走出去的战略要求，既要通盘谋划、确保战略全局稳定，又要突出重点、扭住关系全局的战略枢纽；既要关注陆地、海洋、空中等传统安全领域，还要应对多种新型安全领域威胁，构建立足防御、多域统筹、均衡稳定的新时代军事战略布局。加强对海外军事存在和活动、海外行动能力建设等问题的筹划和指导，维护海外利益安全。

四是创新基本作战思想。着眼信息化局部战争的特点规律和制胜机理，发扬我军机动灵活的战略战术传统，坚持灵活机动、自主作战原则，你打你的、我打我的，扬长避短、克敌软肋。把握联合作战、非对称作战、精确作战、整体作战的基本思想，运用诸军兵种作战力量，实施基于网络信息体系的一体化联合作战。扎实做好各战略方向军事斗争准备，统筹推进传统安全领域和新型安全领域军事斗争准备，开展实战化军事训练，保持常备不懈的战备状态，全面提高新时代备战打仗能力。

[知识链接]

"你打你的，我打我的"作战思想

毛泽东同志把红军的用兵原则概括为"你打你的，我打我的；打得赢就打，打不赢就走"。这一原则的深刻含义就是，在作战方法上不跟着敌人转，为敌所制，而是以"我"为主，使敌就我，力求"致人而不致于人"。即掌握战场行动的自由权，化被动为主动，最后赢得胜利，体现了我军高度机动灵活的作战指导的精髓。

第三节 完善国防领导管理体制和 武装力量体系

国防领导管理体制是党和国家领导管理国防活动的组织体系及相应制度。我国根据宪法、国防法及其他有关法律，建立和完善国防领导管理体制。我国的武装力量受中国共产党领导。党的中央军事委员会和国家的中央军事委员会，其组成人员和对军队的领导职能完全一致。党的中央军事委员会组成人员由中央委员会决定。中央军委实行主席负责制，中央军委主席为全国武装力量的统帅。

[知识链接]

中央军事委员会

《中华人民共和国宪法》第九十三条规定：中华人民共和国中央军事委员会领导全国武装力量。中央军事委员会由下列人员组成：主席，副主席若干人，委员若干人。中央军事委员会实行主席负责制。中央军事委员会每届任期同全国人民代表大会每届任期相同。第九十四条规定：中央军事委员会主席对全国人民代表大会和全国人民代表大会常务委员会负责。《中国共产党章程》第二十三条规定：党的中央军事委员会组成人员由中央委员会决定，中央军事委员会实行主席负责制。

全国人民代表大会选举国家的中央军委主席，根据中央军委主席的提名，决定中央军委其他组成人员的人选；决定战争和和平的问题，并行使宪法规定的国防方面的其他职权。全国人大常委会在全国人大闭会期间决定战争状态的宣布，决定全国总动员或者局部动员等。国家主席根据全国人大及其常委会的决定，宣布战争状态，发布动员令等。

国务院领导和管理国防建设事业，编制国防建设发展规划和计划；制定国防建设方面的方针、政策和行政法规；领导和管理国防科研生产；管理国防经费和国防资产；领导和管理国民经济动员工作和人民武装动员、人民防空、国防交通等方面的有关工作；领导和管理拥军优属工作和退出现役的军人的安置工作；领导国防教育工作；与中央军委共同领导民兵的建设和征兵、预备役工作以及边防、海防、空防的管理工作等。国务院设有国防部以及其他与国防建设事业有关的部门。

中央军委领导和统一指挥全国武装力量，决定军事战略和武装力量的作战方针；领导和管理人民解放军和人民武装警察部队的建设；向全国人大或者全国人大常委会提出议案；制定军事法规，发布决定和命令；决定人民解放军和人民武装警察部队的体制编制；任免、培训、考核和奖惩武装力量成员；批准武装力量的武器装备体制和武器装备发展规划计划等。

为了加强国防领导管理的协调，国务院和中央军委建立了协调会议制度。1994年成立的国家国防动员委员会，是在国务院、中央军委领导下主管全国国防动员工作的议事协调机构。1991年成立的国家边防委员会，2005年更名为国家边海防委员会，在国务院和中央军委领导下，负责指导协调全国的边海防工作。

2013 年成立的中央国家安全委员会，作为中共中央关于国家安全工作的决策和议事机构，统筹协调涉及国家安全的重大事项和重要工作，向中央政治局、中央政治局常务委员会负责。2017 年成立的中央军民融合发展委员会，作为中央层面军民融合发展重大问题的决策和议事机构，统一领导军民融合深度发展，向中央政治局、中央政治局常务委员会负责。

自 2015 年起，中央军委按照军委管总、战区主战、军种主建的总原则，对军队领导指挥体制进行了大刀阔斧的改革。在领导管理体制方面，调整军委总部体制，实行军委机关多部门制，即由原来的总参谋部、总政治部、总后勤部、总装备部 4 个总部改为 15 个职能部门；成立陆军领导机构、火箭军、战略支援部队、联勤保障部队，形成军委—军种—部队的领导管理体系。在作战指挥体制方面，调整划设东部、南部、西部、北部、中部五大战区。按照联合作战、联合指挥的要求，建立健全军委、战区两级联合作战指挥机构，形成军委—战区—部队的作战指挥体系。

[知识链接]

中央军委机关职能部门

中央军委机关 15 个职能部门包括：军委办公厅、军委联合参谋部、军委政治工作部、军委后勤保障部、军委装备发展部、军委训练管理部、军委国防动员部、军委纪律检查委员会、军委政法委员会、军委科学技术委员会、军委战略规划办公室、军委改革和编制办公室、军委国际军事合作办公室、军委审计署、军委机关事务管理总局。

中国共产党在领导中国人民进行长期的革命战争中，逐步建立发展了适应人民战争需要的野战军、地方军和民兵"三结合"的武装力量体制。依据国防法，中华人民共和国的武装力量，由中国人民解放军现役部队和预备役部队、中国人民武装警察部队和民兵组成。党的十九届三中全会通过的《中共中央关于深化党和国家机构改革的决定》，把建设"中国特色、世界一流的武装力量体系"作为构建党和国家机构职能体系的重要组成部分，从战略全局上作出部署。

中国人民解放军是中国武装力量的主体，其现役部队是国家的常备军，由陆军、海军、空军、火箭军、战略支援部队、联勤保障部队组成。

陆军是人民解放军的基础，是主要在陆地遂行作战任务的军种，包括机动作战部队、边海防部队、警卫警备部队等。陆军机动作战部队现有 13 个集团军和部分独立合成作战师（旅）。陆军按照机动作战、立体攻防的战略要求，实现区域防卫型向全域作战型转变，加快小型化、多能化、模块化发展步伐，提高精确作战、立体作战、全域作战、多能作战、持续作战能力。

海军是人民解放军的战略性军种，是海上作战行动的主体力量，主要由潜艇部队、水面舰艇部队、航空兵、陆战队、岸防部队等兵种组成。海军按照近海防御、远海防卫的战略要求，实现近海

中国人民解放军建军 90 周年阅兵 （解放军画报社提供）

防御型向远海防卫型转变，构建合成、多能、高效的海上作战力量体系，提高战略威慑与反击、海上机动作战、海上联合作战、综合防御作战和综合保障能力。

空军是人民解放军的战略性军种，是空中作战行动的主体力量，主要由航空兵、地面防空兵、雷达兵、空降兵、电子对抗兵等兵种组成。空军按照空天一体、攻防兼备战略要求，实现国土防御型向攻防兼备型转变，构建适应信息化作战需要的空天防御力量体系，提高战略预警、空中打击、防空反导、信息对抗、空降作战、战略投送和综合保障能力。

火箭军是中央军委直接掌握使用的战略部队，是我国战略威慑的核心力量，是我国大国地位的战略支撑，是维护国家安全的重要基石，主要担负遏制他国对我国使用核武器、遂行核反击和常规导弹精确打击任务，由核导弹部队、常规导弹部队、作战保障部队等

空降兵在寒区实施伞降训练 （解放军画报社提供）

组成。火箭军按照核常兼备、全域慑战的战略要求，加快推进信息化转型，增强导弹武器的安全性、可靠性、有效性和实战化，提高战略威慑与核反击和中远程精确打击能力。

战略支援部队是维护国家安全的新型作战力量，是我军联合作战体系的重要支撑，是我军新质作战能力的重要增长点。2015 年 12 月 31 日，中央军委整合各类战略性、基础性、支撑性保障力量，成立战略支援部队。主要任务是坚持体系融合、军民融合，努力在关键领域实现跨越发展，高标准高起点推进新型作战力量加速发展、一体发展。

联勤保障部队是实施联勤保障和战略战役支援保障的主体力量，是中国特色现代军事力量体系的重要组成部分。2016 年 9 月 13 日，中央军委调整组建联勤保障部队。主要任务是按照联合作战、联合训练、联合保障的要求加快部队建设，深化军事斗争后勤准备，加快融入联合作战体系，提高一体化联合保障能力，努力建设一支强大的现代化联勤保障部队。

预备役部队是以现役军人为骨干，以预备役军官、士兵为基础，按照统一编制组建的部队，纳入军队建制序列，授予番号、军旗，实行军队与地方党委、政府双重领导制度。预备役部队编有预备役师、旅、团，主要按地域或行业系统进行编组。预备役部队已发展成为由陆军、海军、空军、火箭军预备役部（分）队组成的重要后备力量，正加快由数量规模型向质量效能型、由直接参战型向支援保障型转变，努力成为现役部队的得力助手和国防后备力量的拳头。

中国人民武装警察部队是党领导的人民武装力量的重要组成部分，在维护国家安全和社会稳定、保卫人民美好生活中肩负着重大职责，在维护政治安全特别是政权安全、制度安全中具有重要作用，主要担负执勤、处突、反恐怖、海上维权执法、抢险救灾和防卫作战任务。党中央决定，自 2018 年 1 月 1 日起，武警部队由党中央、中央军委集中统一领导，实行中央军委—武警部队—部队领导指挥体制，按照"多能一体、有效维稳"的战略要求，加快融入全军联合作战体系，加快构建军地协调联动新格局，努力建设一支强大的现代化武装警察部队。

民兵是不脱离生产的群众武装组织，是人民解放军的助手和后备力量，担负参加社会主义现代化建设、执行战备勤务、参加防卫作战、协助维护社会秩序和参加抢险救灾等任务。民兵是进行人民战争的战略力量。民兵在国务院、中央军委统一领导下，实行地方党委、政府和军事系统的双重领导。全国的民兵工作由军委国防动员部主管。省军区、军分区和县（市、区）人民武装部是本行政区的民兵领导指挥机关，负责本区域的人民武装工作。乡、镇、街道和部分企事业单位设有人民武装部，负责民兵工作的具体组织实施。

第四节　创新发展新时代人民战争

"兵民是胜利之本"，这是永远颠扑不破的真理。坚持积极防御，从根本上讲，就是坚持人民战争的战略战术。毛泽东同志说，我们的战略战术是建立在人民战争这个基础上的，任何反人民的军队都不能利用我们的战略战术。

实行人民战争，适合中国的实际情况，是我们党的最大优势，是人民军队克敌制胜的法宝。这是因为：第一，我们所进行的战争是正义的战争，最广大的人民群众站在我们一边。而只有得到人民支持和拥护的战争，才能取得最后的胜利。第二，兵民是现代战争的胜利之本，人是战争的决定因素。无论战争形态和作战样式如何变化，都要动员和依靠人民进行战争。任何技术武器装备都只有通过人的勇敢、智慧和牺牲精神，才能发挥其最大作用。第三，我们有打人民战争的自然地理条件和雄厚的战争潜力。中国地域辽阔，人口众多，具有深厚的人民战争潜力和持久作战的社会经济与政治基础。

应对信息时代的战争，我们最大的优势还是人民战争，敌人最害怕的也还是我们进行人民战争。那种认为人民战争过时了、无用了的观点是错误的。习主席强调指出：不论形势如何发展，人民战争这个法宝永远不能丢。要把握新时代人民战争的新特点新要求，创新内容和方式方法，充分发挥人民战争的整体威力。

创新发展人民战争的战略战术，必须着眼新时代人民战争的特点及其发展。一方面，信息化局部战争是体系对体系的对抗，具有平战一体、前后方一体、军民一体的显著特点。信息技术的广泛运用为动员和组织人民群众提供了新的手段方式，信息技术的军民通用性为人民群众参战支前提供了广阔空间，信息化作战体系对整体和后方的高度依赖性为深入开展人民战争提供了有效途径。另一方面，信息化局部战争是信息主导、精确作战的战争，是空间融合、时间增值的战争，时间和速度直接影响战争成败。通过大规模组织人民群众利用广阔国土空间进行持久作战的优势难以充分体现，仅仅依靠人力密集的数量优势难以在与敌技术密集的质量优势的对抗中取胜，需要从粗放型动员和作战转变为精确化动员和作战。

创新发展新时代人民战争的战略战术，必须积极探索人民战争的新内容新方式。新时代坚持人民战争，既包括战争时期动员和依靠人民进行战争，同仇敌忾、众志成城，陷敌于人民战争的汪洋大海之中；也包括和平时期动员和依靠人民建设军队、建设国防，积蓄人民战争的强大力量，军民结合、平战一体地提升军事力量建设和运用的整体效能。运筹和平时期军事力量运用，要形成军民一体的强大合力。充分发挥人民群众在军事力量外向化运用中的作用，寓军于民、军民融合，为军事力量走出去提供有力支持。在海上军事斗争中，军事力量与各种执法力量、民间力量紧密配合、协调行动，形成维权维稳、止战胜战的整体威力。高度重视舆论宣传领域的斗争，充分利用军地资源，牢牢掌握舆情主导权，凝聚民心士气。应对信息化局部战争，既要发展与现代化手段相结合的人民战争传统战法，又要创造出体现时代特色、适合人民群众参战的新战法；注重打牢人民战争的政治、思想、组织、力量基础，形成以夺取信息权为核心的军民整体对抗优势，动员和组织广大人民群众积极开展情报战、袭扰战、伏击战，灵活牵制、消耗敌人，有力配合军队整体作战行动；建立广泛的国际国内统一战线，开展政治、外交、经济、文化等战线的斗争，积极配合和支援军事斗争，形成综合制敌的有利局面。

培育壮大人民战争的力量之基，是新时代人民战争发挥整体优势的根本依托。信息化战争的一个显著特点，就是平战一体、长备短战。平时创造能够使人民战争之伟力随时发挥的社会条件，是对人民战争力量体系建设的根本要求。要依托国家的综合国力，把人民战争建立在雄厚的经济实力、强大的国防实力和坚强的民族凝聚力的基础上，全面增强国家应对危机和战争的战略能力。建立健全信息化条件下快速高效的国防动员体制机制，调整优化后备力量规模结构、力量布局，完善平时征用和战时动员法规制度，努力建设一支平时能应急、战时能应战的强大后备力量。贯彻军民结合、寓军于民的方针，把军民结合由主要集中在国防科技工业领域拓展到经济、科技、教育、人才等各个领域，由行业、部门间协调提升到国家战略层面，推动军民融合深度发展。

⤚ 本章小结 ⤙

防御性国防政策是我国长期坚持的基本国策。中国特色社会主义进入新时代，要求我们坚持积极防御战略思想。我国武装力量在中国共产党领导下，适应国家发展战略和安全战略新要求，努力构建中国特色的现代武装力量体系。人民战争思想具有强大的生命力，要深入探讨新时代人民战争的特点规律，使其在实践中不断丰富和发展。

【思考题】

1. 我国为什么实行防御性国防政策？

2. 积极防御军事战略的主要内容是什么？

3. 如何创新发展新时代人民战争？

第四章

坚持党对人民军队的绝对领导

坚持党对军队绝对领导，是人民军队的命脉所在，是我军的军魂和命根子，是中国特色社会主义的本质特征，是党和国家的重要政治优势。把坚持党对人民军队的绝对领导作为新时代坚持和发展中国特色社会主义的一条基本方略，对于巩固党的执政地位、保证社会主义红色江山永不变色具有极其重要的意义。

第一节　党对军队绝对领导是人民军队
建军之本、强军之魂

党对军队绝对领导，是我们党在血与火的斗争中得出的颠扑不破的真理。我们党在创建之初，就把在军队中建立起党的绝对领导作为一个紧要问题来解决。我军是党缔造的，一诞生便与党紧紧地联系在一起，始终在党的绝对领导下行动和战斗。三湾改编将党的支部建在连上，从组织上解决了党直接掌握士兵群众的重大问题，开始确立起党对军队的领导。古田会议明确军队是执行党的政治任务的武装集团，提出了解决把以农民为主要成分的军队建设成为无产阶级性质的新型人民军队这个根本性问题的原则方向，确立了党对军队领导的根本原则、措施和方法。从此，党对军队绝对领导成为我军建军的根本原则，始终坚守不渝。无论是在革命战争年代，还是新中国成立后的和平建设时期，枪杆子始终牢牢掌握在党的手里，任谁都拉不走。

[知识链接]

党对军队绝对领导概念的提出

1929 年 6 月，毛泽东同志在一封信中明确提出党对军队绝对领导的概念。他肯定红二、四军团，"一个子弹不问过党不能支配，他们是绝对的党领导"。1932 年 1 月，中国工农红军总政治部在给红军各级政治委员、政治部、党的支部委员会的指示信中提出，"提高并巩固党在红军中的绝对领导，保证红军中对上级命令的执行与巩固红军中的纪律，这是目前红军中党的最中心任务"。同年 10 月，总政治部《关于粉碎敌人四次"围剿"政治工作的训令》提出，"健强无产阶级先锋队——共产党在红军中的绝对领导，用共产党的统一意志来领导红军"。在之后的各个历史时期，我们党都反复强调对军队的绝对领导。

党对军队绝对领导的根本原则，明确了党和军队的关系，规定了坚持党的领导的唯一性、彻底性和无条件性，其基本内容包括：军队必须完全地无条件地置于中国共产党的领导之下，在思想上政治上行动上始终与党中央、中央军委保持高度一致，坚决维护党中央、中央军委权威，任何时候任何情况下都坚决听从党中央、中央军委指挥；决不允许向党闹独立，不允许其他政党在军队中建立组织和进行活动，也不允许任何个人向党争夺兵权；未经党中央、中央军委授权，任何人不得插手军队，更不得擅自调动和指挥军队。

党对军队绝对领导有一整套制度作保证，主要包括：军队最高领导权和指挥权属于党中央和中央军委，军委实行主席负责制；实行党委制、政治委员制、政治机关制；实行党委统一的集体领导下的首长分工负责制；实行支部建在连上。军委主席负责制是党对军队绝对领导的最高实现形式；党委统一的集体领导下的首长分工负责制是党领导军队的根本制度，发挥定海神针作用；党委、政治委员和政治机关是党从思想上政治上组织上建设和掌握部队的重要组织支撑；支部建在连上是党指挥枪原则落地生根的坚实基础。

新时代条件下完善党对军队绝对领导的制度，要按照军委政策制度改革总体部署，健全党领导军队的制度体系，全面规范我军党的工作和政治工作。完善军委履行管党治党责任的工作机制，统筹加强军委机关相关部门对部队党的建设的指导。认真贯彻党委统一的集体领导下的首长分工负责制，健全常委会和首长办公会的议事决策规则，明确各自决策事项和范围。各类议事协调机构设立应从严控制，在本级党委领导下工作，不得代替党委决策。全面落实政治委员制，规范政治主官在演习作战中的指挥位置，规范政治干部在对外交往中的职务名称。探索发挥新体制下政治机关职能作用的有效形式。

[知识链接]

党委统一的集体领导下的首长分工负责制

这一制度主要包括党委统一领导、集体领导和首长分工负责三个紧密联系、不可分割的部分。党委统一领导是指党委领导的地位、范围，各级党委是各单位统一领导和团结的核心，一切组织、人员和工作必须置于党的各级委员会（支部）的领导下，一切重大问题必须由党的各级委员会（支部）讨论决定。党委集体领导是党委领导、党委决策的原则，凡属重大问题都必须由党委民主讨论，集体作出决定，实质是发扬党内民主，形成正确决策，防止个人或少数人专断。首长分工负责是党委决策的执行机制，党委作出决定后，由军政首长按照职责分工负责贯彻执行，军政首长同为部队首长，既要各司其职、各负其责，分工不争权；又要紧密配合，做到分工不分家。

坚持党对军队绝对领导，关键是要达到"绝对"这两个字的要求。我军是党领导的人民军队，必须牢牢掌握在党的手中，必须做到绝对忠诚、绝对纯洁、绝对可靠。在这个根本政治原则问题上，我们要头脑特别清醒、态度特别鲜明、行动特别坚决，决不能有任何动摇、任何迟疑、任何含糊。不论思想上还是行动上，都必须与党中央、中央军委始终保持高度一致；不论平时还是战时，都必须一切行动听指挥；不论党和军队重大方针政策还是具体工作部署，都必须不折不扣贯彻落实，大是大非不含糊、小事小节不走样。

坚持党对军队绝对领导，需要强化政治意识、大局意识、核心意识、看齐意识。看齐首先是一个政治要求，军队看齐有自己的特点和要求，最根本的就是必须自觉坚持军委集中统一领导和军委主席负责制。这一点必须扎根在思想上、落实在行动上。必须有高度的思想自觉，坚持用习近平新时代中国特色社会主义思想凝心聚魂，始终忠于党的信仰、忠于党的组织、忠于党的理论和路线方针政策；必须有高度的政治自觉，聚焦绝对忠诚加强政治锻造，牢固树立"四个意识"，坚决维护核心、维护权威，坚决维护和贯彻军委主席负责制；必须有高度的行动自觉，严守政治纪律和政治规矩，不折不扣执行党中央和中央军委决策指示，党指向哪里就坚决打到哪里，确保令行禁止。

坚持党对军队绝对领导，必须抓好高级干部。军队要出问题，还是出在我们内部，出在高级干部身上。高级干部位高权重，出了问题就不是小问题，政治上出了问题危害更大。郭伯雄、徐才厚贪腐问题骇人听闻，但这还不是他们问题的要害，要害是他们触犯了政治底线。他们的所作所为，给党对军队的绝对领导造成极大危害，给军委集中统一领导和军委主席负责制造成极大危害，给军队选人用人造成极大危害，给全军团结统一造成极大危害，给部队政治生态造成极大危害。这就提醒我们，高级干部的教育、管理、监督一定要抓得紧而又紧，坚持从政治上考察和使用干部，确保枪杆子永远掌握在忠于党、经得起风浪考验的可靠人手中。

坚定党对军队绝对领导的政治自信和政治自觉。要不要坚持党对军队的绝对领导，始终是我们同各种敌对势力斗争的一个焦点。我军是党的军队、人民的军队、社会主义国家的军队，这是高度一致的。敌对势力极力鼓吹"军队非党化、非政治化"和"军队国家化"，根本目的就是对我军官兵拔根去魂，把军队从党的旗帜下拉出去。这方面的较量，看似不动刀枪、不见硝烟，但实质上就是你死我活的斗争，没有任何妥协、退让的余地，必须取得全胜。要打好意识形态斗争主动仗，加强理论武装工作，深入开展军魂教育，筑牢官兵精神支柱，增强思想工作和理论工作的说理性战斗性，理直气壮、旗帜鲜明地批驳错误思想政治观点，以积极主动的工作占领部队思想阵地、文化阵地、舆论阵地，使官兵始终保持政治坚定和思想道德纯洁，增强政治免疫力。

纪录片：《回望延安》

第二节 全面深入贯彻军委主席负责制

军委主席负责制是宪法和党章规定的重大制度，是坚持党对军队绝对领导的根本制度和根本实现形式，是中国特色社会主义政治制度和军事制度的重要组成部分，是独具特色优势的军事领导制度。

1982 年的《中华人民共和国宪法》规定，中央军事委员会实行主席负责制，以国家根本大法的形式确立了军委主席负责制。党的十八大后，新一届中央军事委员会修订工作规则，明确中央军事委员会实行主席负责制。党的十九大把中央军事委员会实行主席负责制写入党章，使这一领导体制在党的根本大法中确立了下来。

"国家大柄，莫重于兵。"我们党的制度是党的领袖担任中央军委主席，就是为了确保实现党对军队绝对领导。军委实行主席负责制，是党和国家军事领导制度长期发展的重大成果，是宪法和党章规定的重大制度，在党领导军队的一整套制度体系中处于最高层次、居于统领地位。

军委主席负责制解决的是我军最高领导权和指挥权问题。兵权贵一、军令归一。遵义会议确立了毛泽东同志在党中央和红军的领导地位，保证了红军转危为安。在中国共产党六届六中全会上，毛泽东同志针对张国焘搞分裂党、分裂红军的阴谋活动，指出："共产党员不争个人的兵权，但要争党的兵权，要争人民的兵权。"

军委主席负责制有着深刻而丰富的内涵。第一，中央军委主席负责中央军委全面工作。军委主席全面领导中央军委工作，中央军委副主席、委员协助中央军委主席工作，对中央军委主席负责；中央军委副主席、委员必须及时向中央军委主席请示报告工作。第二，中央军委主席领导指挥全国武装力量。军委主席作为全国武装力量的统帅，对人民解放军现役部队和预备役部队、人民武装警察部队、民兵等所有人民武装力量，拥有宪法、党章和法律赋予的最高领导权和指挥权，未经党中央、中央军委和军委主席授权，任何组织和个人不得插手军队，更不得擅自调动和指挥军队。第三，中央军委主席决定国防和军队建设一切重大问题。明确以中央军委主席名义发布的公文，由中央军委主席签发，以中央军委名义制发的公文，由中央军委主席批准。中央军委工作中的重大事项，由军委主席定夺和批准，国防和军队建设中带有根本性、方向性、全局性的重大问题，军委主席拥有最高决策权和最终决定权。军委主席代表党的中央军事委员会和国家的中央军事委员会，同时对党的最高领导机关和最高国家权力机关负责。军委主席负责制是依法负责，集中体现党、国家和人民的意志；是首长负责，由军委主席执掌最高决策权和最终决定权；是全面负责，涵盖中央军委职权范围的各领域各方面。

制度的生命力在于执行和落实。全面深入贯彻军委主席负责制，是一项严肃而重大的政治责任，必须作为全军最高政治要求来遵循、作为最高政治纪律来严守。要严格落实相关规定，深化学习教育，强化贯彻军委主席负责制各级有责、人人有责、高级干部首当其责的观念，强化全军向军委主席负责的观念，强化关键看行动的观念。坚持把对军委主席负责与按级分工负责统一起来，对军委主席决策指示，必须不折不扣抓落实、恪尽职守抓落实、盯着末端见效抓落实；对涉及全军的重大问题和需要提请军委主席和中央军委决定的重大事项，必须请示报告，不得擅自决定。高标准抓好请示报告、督促检查、信息服务"三项机制"落实。健全军委机关部门统筹协调工作机制，建立各级职责清单制度，完善监督问责机制，形成权责清晰、统一高效的工作格局。

[知识链接]

军委实行主席负责制相关规定

中共中央转发的《关于新形势下军队政治工作若干重大问题的决定》规定：军委实行主席负责制，是宪法确立的重要制度，是坚持党对军队绝对领导的核心要求，对于保证党中央、中央军委牢牢掌握军队最高领导权和指挥权具有根本性、决定性作用。必须坚持全国武装力量由军委主席统一领导和指挥，国防和军队建设一切重大问题由军委主席决策和决定，中央军委全面工作由军委主席主持和负责，严格落实军委工作规则。中央军委《关于新形势下深入推进依法治军从严治军的决定》指出：军委主席负责制是宪法明确规定的重大制度，是党对军队绝对领导的最高实现形式，必须健全完善贯彻军委主席负责制的体制机制，严格落实军委主席负责制的各项制度规定，确保全军坚决听从党中央、中央军委和习主席指挥。

第三节 全面加强新时代我军党的领导和党的建设工作

党的领导和党的建设是我军建设发展的关键，关系强军事业兴衰成败，关系党和国家长治久安。面向未来，我军党的领导和党的建设工作必须全面加强，深入落实新时代党的建设总要求和新时代党的组织路线，把党的政治优势和组织优势转化为推动部队建设的强大力量，为实现党在新时代的强军目标提供坚强的思想和组织保证。

一、提高军队党的建设科学化水平

军队党的建设的首要任务是确保党对军队的绝对领导，这也是对军队党的建设的根本要求。我军之所以能够战胜各种艰难困苦、不断从胜利走向胜利，最根本的就是坚定不移听党话、跟党走。

军队党的建设必须紧紧围绕能打仗、打胜仗来展开。坚持把备战打仗作为党委第一要务，完善领导备战打仗的工作制度，健全按战斗力标准统筹资源的运行机制，着眼"奖为战"完善军队功勋荣誉表彰体系、规范战时功勋荣誉表彰，以议战议训、开展实战化训练等为重点完善党委工作和领导干部考核评价体系，健全参加重大军事行动、备战打仗实绩与个人成长进步相挂钩的政策制度，坚决铲除和平积弊，全面提升打仗本领，立起重心在战的鲜明导向。

突出加强各级党委建设。按照军委管总、战区主战、军种主建总原则，加强我军党的组织体系建设，增强各级党组织的领导力组织力执行力。规范军委机关部门、战区、军兵种、战区军种等不同类型党委职能、权责界面和运行机制。强化新组建单位党委领导作用，确保部队合编合心合力。

全面从严治党。党要管党、从严治党，是党的建设的一贯要求和根本方针。全面从严治党的核心是加强党的领导，基础在全面，关键在严，要害在治。军队党的建设必须高标准、严要求，坚持在思想教育上从严，在贯彻党章和党的制度上从严，在遵守党的纪律上从严，在干部教育管理上从严，努力走在全党前列。从严管理领导干部，突出组织管、严日常，加强全方位常态化监督，管好关键人、管到关键处、管住关键事、管在关键时。

坚持以改革创新精神加强军队党的建设。党的建设面临的社会条件、党员队伍成分结构发生了深刻变化，既要继承我军党建工作优良传统，也要深入研究新时代军队党的建设的特点和规律，推进制度创新，改进方式方法，不断增强军队党建工作的时代感和科学性。

二、严守政治纪律和政治规矩

纪律严明是战斗力的重要源泉。正是有了建立在高度政治觉悟基础上的革命纪律，把纪律和规矩挺在前面，人民军队才始终是高度团结统一的战斗集体，始终保持了强大的凝聚力和战斗力。

军队守纪律首要的是遵守政治纪律，守规矩首要的是遵守政治规矩，并且标准要更高、要求要更严。严守政治纪律和政治规矩，最重要的是坚决维护核心、维护权威，坚决维护和贯彻军委主席负责制，一切行动听从党中央、中央军委和习主席指挥，任何时候任何情况下都不能有丝毫含糊和动摇。军队中高级党员领导干部，更应自觉遵规守纪。2015 年 4 月，中央军委印发了《严格军队党员领导干部纪律约束的若干规定》，明确了"十个必须"，即：必须把听党指挥落实到行动上，必须保持坚定正确的政治信仰，必须防止和纠正政治上的自由主义，必须认真贯彻民主集中制原则，必须落实党的组织生活制度，必须严格执行请示报告制度，必须纠治选人用人上的不正之风，必须严守财经纪律，必须持续反"四风"改作风，必须破除特权思想和特权现象，为严格军队党员领导干部政治纪律约束提供了重要遵循。

全军要下大气力整肃军纪，深化运用监督执纪"四种形态"，在用好第一种形态上下功夫，坚持抓早抓小，把纪律执行到具体事具体人，让铁规生威、铁纪发力，确保全军纪律严明、政令军令畅通。

[知识链接]

党内监督执纪"四种形态"

《中国共产党党内监督条例》第七条规定：党内监督必须把纪律挺在前面，运用监督执纪"四种形态"，经常开展批评和自我批评、约谈函询，让"红红脸、出出汗"成为常态；党纪轻处分、组织调整成为违纪处理的大多数；党纪重处分、重大职务调整的成为少数；严重违纪涉嫌违法立案审查的成为极少数。

三、增强党内生活的政治性原则性战斗性

党内生活是锻炼党性、提高思想觉悟的熔炉。只有增强党内

生活的政治性原则性战斗性，才能使党员干部坚强党性、百炼成钢。

严肃党内生活，最根本的是认真执行党的民主集中制，着力解决发扬民主不够、正确集中不够、严肃纪律不够等问题。要加强民主集中制的教育培训，熟悉民主集中制的规矩，懂得民主集中制的方法。坚持集体领导，发扬党内民主，严格按照程序办事，按照规则办事，按照集体意志办事。

大胆使用、经常使用、用够用好批评和自我批评这个武器。批评和自我批评是解决党内矛盾的有力武器，也是清除党内各种政治灰尘和政治微生物的有力武器。要提高党内政治生活质量，必须开展积极健康的思想斗争，坚决反对庸俗化、随意化、平淡化倾向，坚决反对自由主义、好人主义。

党的力量来自组织，组织能使力量倍增，组织严密是党的光荣传统和独特优势。要加强党委班子建设，优化组织结构，完善制度机制，把各级党委建设成为坚强的领导核心。强化组织生活的熔炉作用，坚持把严肃组织生活作为锤炼党性主要平台，弘扬认真和斗争精神。抓好基层党组织建设，夯实组织功能，真正发挥战斗堡垒作用。党员是党的肌体的细胞，要时刻用党章的标准要求自己，发挥先锋模范作用。军队党员领导干部在提高党内政治生活质量方面，要发挥带头作用。

四、坚持从政治上考察和使用干部

选人用人首先要明确标准。战争年代，看一个干部能力怎么样，主要看在战场上的表现，考验很直接、很直白。和平时期，考验干部就不那么容易了。军队好干部应该是个什么标准？就是要做到对党忠诚、善谋打仗、敢于担当、实绩突出、清正廉洁。要完善干部考核评价体系，构建具有我军特色的素质培养体系、知事识人体系、选拔任用体系、从严管理体系、正向激励体系，坚持德才兼备、以德为先、任人唯贤，突出政治标准和打仗能力，深入解决选人用人突出问题，把强军事业需要的人用起来，把合适的人放到合适岗位上。坚持把军委主席负责制贯彻落实到干部工作特别是高级干部选拔任用各方面各环节。

把好干部选出来、任用好。党管干部、组织选人，这是选用干部的基本原则，要规范党委、领导和政治机关在选人用人中的权责，发挥政治机关在组织考核和提名推荐干部中的主体作用。研究和提出干部工作贯彻民主集中制原则的有效办法，高度重视培养选拔优秀年轻干部，确保军队各级领导干部始终充满活力、后继有人。

增强选人用人的科学性、准确性、公信度。选人用人公不公、好不好、准不准，有着十分重要的导向作用。要大力整肃用人风气，坚持德才兼备、以德为先，坚持五湖四海、任人唯贤，树立注重基层的导向、注重实干的导向、注重官兵公认的导向。严格按原则、按政策、按规矩、按程序选用干部，坚持大范围遴选交流干部，完善选人用人监督制约和责任追究机制。

第四节　正风反腐永远在路上

作风优良是我军鲜明特色和政治优势，无论战争年代，还是和平时期，我军没有被残酷环境、强大敌人和"糖衣炮弹"打垮，靠的就是保持和发扬我军光荣传统和优良作风。习主席强调，我军人民军队的性质永远不能变，老红军的传统永远不能丢，艰苦奋斗的政治本色永远不能改。全军要把作风建设作为推进各项工作的突破口，坚决刹住歪风邪气，坚决遏制腐败现象，严加惩治害群之马，恢复了一些带根本性的东西，军队面貌焕然一新。

军队抓作风建设，最重要的是确保能打仗、打胜仗，贯彻和体现战斗力这个唯一的根本的标准，为实现强军目标提供坚强作风保证。我军要强起来，作风必须过硬，否则就容易垮掉，更谈不上能打胜仗了。人民军队的生命力在于战斗力。狠抓作风建设，目的是把部队带得很有生气、很有活力，形成全军上下同心协力抓战斗力的强大声势和浓厚氛围。

驰而不息纠"四风"。对享乐主义、奢靡之风要穷追猛打，对形式主义、官僚主义要坚决破除。严格落实中央八项规定精神、中央军委加强自身作风建设十项规定及其实施细则，紧盯"四风"新动向新表现加强督察，对照形式主义、官僚主义问题清单精准施治，严防反弹变异。坚定自觉反特权，强化领导干部普通党员、普通一兵意识，引导他们端正权力观地位观利益观，坚决破除身份地位优越感及对监督约束不习惯、职级待遇不知足、离开保姆式服务不适应等特权心态。

绝不让腐败分子在军队有藏身之地。军队是拿枪杆子的，绝不能有腐败分子的藏身之地。党的十八大以来，军队坚持正风肃纪反腐并举，反腐败斗争形成压倒性态势，军心士气提振，军队形象重塑，政治生态明显好转。全军坚持无禁区、全覆盖、零容忍，坚持重遏制、强高压、长震慑，深入推进反腐败斗争。深化标本兼治，保持查案惩腐高压态势，严明法纪红线，突出查办重点，坚决防止军内形成利益集团，防范领导干部被"围猎"、被"绑架"，强化不敢腐的震慑，扎牢不能腐的笼子，增强不想腐的自觉，把军队反腐败斗争不断引向深入。

领导干部带头践行"三严三实"要求。领导干部特别是高级干部的作风，对党风政风乃至整个社会风气具有重要影响。改进军队作风，必须坚持领导干部带头，坚持自上而下抓，做到身正为范、以上率下。习主席多次对军队领导干部践行"三严三实"提出明确要求。各级领导干部要自觉践行这一要求，以行动作无声的命令，以身教作执行的榜样，带动全军形成崇尚实干、敢于担当、主动作为的良好氛围。

把红色基因一代代传下去。建军90多年来，人民军队在党的旗帜下前进，形成了一整套建军治军原则，发展了人民战争的战略战术，培育了特有的光荣传统和优良作风，彰显了中国共产党领导的伟大力量、理想信念的伟大力量、改革创新的伟大力量、战斗精神的伟大力量、革命纪律的伟大力量、军民团结的伟大力量。这是人民军队从胜利走向胜利的传家法宝，是人民军队必须永志不忘的红色血脉，必须一代代传下去。全军坚持用光荣传统教育官兵、用崇高精神塑造官兵、用神圣事业感召官兵，深入进行党史军史和光荣传统教育，扎实推进"红色基因代代传"工程，打造强军文化，引导官兵学传统、爱传统、讲传统，延续红色血脉、当好红军传人。

作风建设永远在路上。当前我军党风廉政建设和反腐败斗争取得重大胜利，但形势依然严峻复杂。作风问题具有顽固性、长期性、复杂性，形成优良作风不可能一劳永逸，克服不良作风也不可能一蹴而就。作风建设只有进行时，没有完成时，绝不是权宜之计，而

筑牢官兵遵纪守法的防火墙 　　　　　　　（解放军画报社提供）

是永恒的课题。必须坚定决心和信心，以永远在路上的执着和韧劲，坚持严字当头、全面从严、一严到底，坚决同各种不正之风和腐败现象作斗争。发扬钉钉子精神，在抓常、抓细、抓长上下功夫，踏石留印、抓铁有痕、善始善终、善作善成，确保改进作风规范化、常态化、长效化，通过不懈努力换来海晏河清、朗朗乾坤。

第五节　发挥政治工作对强军兴军的
　　　　生命线作用

政治工作是我军的看家本领，是我军的最大特色、最大优势，是我军同一切其他性质军队的最大区别，也是我军保持人民军队性质、宗旨、本色的重要保障。

一、弘扬我军政治工作的光荣传统和优良作风

1944 年，毛泽东同志修改谭政《关于军队政治工作问题》报告初稿时亲笔加上了一句话：共产党领导的革命的政治工作是革命军队的生命线。这种生命线的意义主要体现在：实行革命的政治工作，保证了我军始终是党的绝对领导下的革命军队，为我军战胜强大敌人和艰难险阻提供了不竭力量，使我军始终保持了人民军队的本色和作风。

这些年来，我军政治工作取得了很大成绩，同时也存在以权谋私、个人主义、形式主义、本位主义等问题。出现上述问题的原因是多方面的，主要是：教育者本身受教育不够；对领导干部管理失之于宽、失之于软；监督体系功能没有得到有效发挥；制度建设存在漏洞。习主席深刻认识到新形势下加强全军政治工作的极端重要性、必要性和紧迫性，于 2014 年 10 月在古田召开全军政治工作会议。会议的主要任务是，贯彻整风精神，研究解决新的历史条件下党从思想上政治上建设军队的重大问题，弘扬我军政治工作的光荣传统和优良作风。会议明确，当前最紧要的是把四个带根本性的东西立起来。

一是把理想信念在全军牢固立起来。"为将之道，当先治心。"崇高的理想、坚定的信念，是革命军人的灵魂，是克敌制胜、拒腐防变的决定性因素。要把坚定官兵理想信念作为固本培元、凝魂聚气的战略工程，采取有力措施，抓紧抓实抓出成效。

二是把党性原则在全军牢固立起来。坚持党性原则是共产党人的根本政治品格，是政治工作的根本要求。政治工作必须坚持党的原则第一、党的事业第一、人民利益第一，在党言党、在党忧党、在党为党，把爱党、忧党、兴党、护党落实到工作各个环节。

三是把战斗力标准在全军牢固立起来。我军根本职能是打仗。政治工作必须保障战斗力标准在军队建设各个领域、各项工作中贯彻落实。要聚焦能打仗、打胜仗，健全完善党委工作和领导干部考核评价体系，以刚性措施形成有利于提高战斗力的舆论导向、工作导向、用人导向、政策导向。

四是把政治工作威信在全军牢固立起来。一段时间以来，我军政治工作的威信受到了伤害。要坚持从模范带头抓起，从领导带头抓起，抓紧把政治工作的威信树立起来，回到言行一致、以身作则、以上率下等基本原则上来。

二、培养有灵魂、有本事、有血性、有品德的新时代革命军人

政治工作是培养人、塑造人的工作，要引导官兵努力成长为有灵魂、有本事、有血性、有品德的"四有"新时代革命军人。有灵魂就是要信念坚定、听党指挥，有本事就是要素质过硬、能打胜仗，有血性就是要英勇顽强、不怕牺牲，有品德就是要情趣高尚、品行端正。

把铸牢军魂作为核心任务。带兵就是带心，心指的就是革命军人信念坚定、听党指挥的灵魂。当前，官兵成分发生了很大变化，一些年轻同志理论学习不深、实践锻炼不够，对于党指挥枪的极端

重要性往往认识不足、认识不透。这就要求抓好军魂教育，深扎听党的话、跟党走的思想根子，坚定党对军队绝对领导的政治自信和政治自觉。

继承发扬我军光荣传统和优良作风。随着社会日益信息化和国家不断加大对外开放力度，社会上各种思想观念泥沙俱下、鱼龙混杂，对我军的红色传统和文化带来了冲击。要注重把红色资源利用好、把红色传统发扬好、把红色基因传承好，加强党史国史军史学习，永葆老红军政治本色。打造强军文化，巩固部队思想文化阵地，引导官兵自觉践行社会主义核心价值观和当代革命军人核心价值观。

[知识链接]

我军政治工作的优良传统

在长期实践中，我军政治工作形成了一整套优良传统，主要包括：坚持党指挥枪的根本原则和制度，坚持全心全意为人民服务的根本宗旨，坚持实事求是的思想路线，坚持群众路线的根本作风，坚持用科学理论武装官兵，坚持围绕党和军队中心任务发挥服务保证作用，坚持公道正派选拔使用干部，坚持官兵一致、发扬民主，坚持实行自觉的严格的纪律，坚持艰苦奋斗、牺牲奉献的革命精神，坚持党员干部带头、以身作则。

引导官兵在实践砥砺中不断提高。在实战化军事训练和军事斗争准备中砥砺，把练技术练战术与练思想练作风结合起来，在近似实战环境中磨炼意志、品格，精武强能、砺胆提气。在执行重大军事行动中、完成急难险重任务中经风雨、受历练，提升思想素养和道德境界，增强本领才干。在工作生活日常养成中提高，坚持把有灵魂、有本事、有血性、有品德的"四有"要求融入官兵的日常工作和生活。

发扬英勇顽强、不怕牺牲的战斗精神。打仗从来都是狭路相逢勇者胜。甲午战争北洋舰队失败原因是多方面的，一个很重要原因就是缺乏忧患意识，平时畏战、忘战，整体上战斗精神不够。练兵先练胆，铸剑须砺锋。新形势下，要强化官兵当兵打仗、带兵打仗、练兵打仗的思想，探索形成战斗精神培育的长效机制，培养官兵勇猛顽强、敢打必胜的血性胆魄。

三、着力推动政治工作创新发展

当前，面对意识形态领域尖锐复杂的斗争特别是"颜色革命"的现实危险，面对艰巨繁重的军事斗争准备任务，面对深化国防和军队改革这场大考，我军政治工作只能加强不能削弱，只能前进不能停滞，只能积极作为不能被动应对。

加强和改进我军政治工作，既要坚持政治工作根本原则和制度，又要积极推进政治工作思维理念、运行模式、指导方式、方法手段创新，提高政治工作信息化、法治化、科学化水平。一是盯着人做工作。抓住思想政治教育这个中心环节不放，深入细致分析研究官兵思想观念、价值取向、行为方式、精神文化需求，在"真"

字上下功夫，用真理说服人、用真情感染人、用真实打动人。二是过好网络关。顺应互联网发展大势，研究把握信息网络时代政治工作的特点和规律，用好用活网络平台，占领网络舆论阵地，推动政治工作传统优势与信息技术高度融合，增强政治工作的时代感和实效性。三是创新宣传工作。坚持以广大官兵为中心，推进理念、内容、手段、体制机制等全方位创新，创作出精品力作。研究把握现代新闻传播规律和新兴媒体发展规律，强化互联网思维和一体化发展理念，努力构建适合国情军情、符合时代发展要求的现代军事传播体系。

随着我军使命任务不断拓展，政治工作服务保证的领域和功能也要相应拓展。树立大政工理念，把部队、社会、家庭衔接起来，把军内军外、网上网下结合起来，形成全方位、宽领域、军民融合的政治工作格局。

[案 例]

时代楷模：大功三连

陆军某部"大功三连"，是一支抗日烽火中诞生的英雄连队，和平建设时期，先后荣立集体一等功5次、二等功18次，被中央军委授予"基层建设模范连"荣誉称号。2017年7月，习主席签署命令，授予该连"学习践行党的创新理论模范连"荣誉称号。党的十八大以来，连队坚持把习近平强军思想作为建连之魂、育人之本，在打造"四铁"连队、培塑"四有"新时代革命军人上求实效，先后圆满完成改制换装、实兵演习、抗战阅兵等大项任务，全面建设不断取得新的发展进步，被中宣部授予"时代楷模"荣誉称号。2017年1月，习主席亲临连队视察，勉励官兵发扬优良传统，紧贴时代、紧贴实践、紧贴官兵，做好用党的创新理论武装头脑工作，推动强军目标在连队落地生根。

多年来，三连在真学善学党的创新理论并用以武装头脑方面，积累了以下经验做法。

一是摘录精彩话语，满怀真情"学"起来。连队着眼基层工作繁杂、官兵理论素养参差不齐的实际，本着少而精、实在管用的原则，确定了理想信念、职能使命、作风建设、战斗精神等12个方面，分专题重点学习。深入学习贯彻习近平新时代中国特色社会主义思想和习近平强军思想，将学习内容制成随身卡、床头贴，录制"专题朗诵集"，方便官兵随时学、经常读、点滴记。广泛开展群众性诵读背记活动，组织官兵利用训练间隙、饭后睡前等时机，三五分钟读一读、三句两句记一记、三言两语问一问。

二是开办士兵讲坛，人人登台"讲"起来。连队注重用战士的观点、语言阐释习近平强军思想蕴含的深刻道理。遴选理论基础好、表达能力强的同志成立宣讲小组，每周安排1至2名同志上台授课，并组织为大家讲解。广泛开展"学讲话、秀才艺、固信念"主题文艺创作活动，创作编排歌曲、诗朗诵等小节目，创作书法、雕刻、剪纸、烙画等作品，有效加深了官兵对习近平强军思想的理解领会。

三是组织交流互动，联系实际"议"起来。连队把官兵划分为多个学习小组，每次集中学习后，都组织围绕习近平强军思想进行分组讨论、交流心得。安排连队理论学习"值班员"每天收集一次官兵反映的难点问题，每周集中开展难题会诊。发动探亲休假官兵认真收集家乡社会变迁相关影像资料举办"今昔图片对比"专题展览，组织参观驻地大型企业，让大家结合实地感受进行讨论，帮助大家不断强化认识、深化理解。

四是注重示范引领，党员骨干"带"起来。连队每次集中学习讨论，党员骨干都打头阵先发言，并带着文化程度低、理论底子薄的同志一起读、一起学，当好学习诵读的"领路员"。让党员骨干督导官兵学讲话、记要点，搞好一对一、面对面帮带辅导，当好促学促悟的"监督员"。召开专题学习评议会，让群众点评党员学习情况，让党员对照标准找差距，当好虚心求教的"示范员"。

五是融入具体工作，岗位践行"用"起来。连队常态化开展"中国梦·强军梦·我的梦"主题党团日，举行"我是三连一兵"宣誓仪式，在连队荣誉室讲述"历史上的今天"，用光荣传统激励官兵永葆红军本色、铸牢铁血军魂。举办军旅诗词朗诵会，观看战争影片，不断增强官兵的忧患意识和使命意识。针对部队编制调整、连队换装实际，制定实战化训练措施，持续开展"创破纪录、上龙虎榜"活动，广泛开展"我为连队献一计"建言献策活动。

学习三连的先进事迹，结合今天面临的实际情况，可以得出以下重要启示：

要把举旗铸魂摆在首要位置，强化维护核心、看齐追随的政治信仰。习近平强军思想是强军兴军的思想之旗、理论之旗、精神之旗，坚持不懈用强军思想武装头脑、强固军魂，部队建设就有了主心骨和定盘星，就能凝聚起砥砺前行的磅礴力量。

要把练兵备战作为核心任务，提高敢打善战、战之必胜的过硬本领。习近平强军思想是部队抓备战谋打

陆军某机步团开展"使命在肩，军魂永驻"活动

（解放军画报社提供）

赢的科学指南，只有立起这个根本指导，把练兵备战作为最大职责，把胜战打赢作为最高追求，才能练强战之必胜的过硬本领。

要把改革创新作为关键一招，担起深化改革、推进转型的时代重任。抓创新就是抓发展，谋创新就是谋未来，必须大力培植创新精神、提高创新能力，在锐意进取、破冰前行中推动部队建设跨越发展。

要把依法治军抓得紧而又紧，营造律令如山、风清气正的良好生态。风气连着士气，铁纪铸就铁拳，建设过硬部队，必须紧紧扭住厉行法治、严肃军纪这个治军带兵铁律。

本章小结

党的领导和党的建设是我军建设发展的关键，关系强军事业兴衰成败，关系党和国家长治久安。全军要毫不动摇坚持党对军队绝对领导，全面深入贯彻军委主席负责制，全面加强新时代我军党的领导和党的建设工作，坚持正风肃纪反腐并举，充分发挥政治工作的生命线作用，培养有灵魂、有本事、有血性、有品德的新时代革命军人，着力推动政治工作创新发展，为实现党在新时代的强军目标、完成好新时代我军使命任务提供坚强政治保证。

【思考题】

1. 为什么说听党指挥是我军的立军之本、强军之魂？

2. 如何理解全面深入贯彻军委主席负责制的重大意义？

3. 全国加强新时代我军党的领导和党的建设工作的总体要求是什么？

第五章

军队要能打仗、打胜仗

备战打仗是军队的职能所系，是军人的天职所在。当前，我国正处于由大向强发展的关键阶段，面临的战略压力和发展阻力增大，国家安全和发展进入高风险期，军事手段的战略支撑和保底作用凸显。聚焦备战打仗的鲜明导向，紧紧扭住能打仗、打胜仗这个关键，尽快把备战打仗能力搞上去，是确保我军有效履行新时代使命任务的根本要求。

第一节　牢固树立战斗力这个唯一的 根本的标准

军队生于战争，服务于战争，首先要具备强大的战斗力，做到随时能打仗、打胜仗。军队是否具有强大的战斗力是决定国家兴衰的关键因素，在漫长的人类历史上，无数国家、民族和王朝兴于强盛之军，亡于疲弱之师。近代以来，中国之所以屡屡割地赔款、被动挨打，一个十分重要的原因就是军无斗志、战力疲弱。

战场打不赢，一切等于零。习主席多次强调，要牢固树立战斗力这个唯一的根本的标准。这一重要论断，深刻揭示了战斗力标准在军事实践活动中的基础性和支配性作用，抓住了建军治军的本质要求，为军队建设指明了方向、提供了遵循。

我军作为执行党的政治任务的武装集团，担负着巩固国防、抵抗侵略，保卫国家安全发展和人民生命财产的神圣职责，首先是一个战斗队。可以说，我军战斗力高低直接关系到党的执政地位的巩固，关系到国家和人民的安危存亡。回顾历史，我军自诞生以来，历经革命战争时期和社会主义建设时期，能够打败国内外众多异常凶恶的敌人，一次次夺取战争胜利，打出了人民当家作主的新中国，打出了新中国的国际尊严和地位，靠的就是由坚定无比的政治信仰、灵活机动的战略战术、英勇顽强的战斗精神等生成的强大战斗力。

当前，我军已经许多年没有打过仗了，长期的和平环境使一些官兵产生了当"和平兵""太平官"的松懈麻痹和贪图安逸的思想。一些部队缺乏战斗精神，以不打仗的心态干工作、搞训练，一些官兵使命意识、职能意识、危机意识淡薄，备战思想、战斗精神懈怠。能不能打仗、能不能打赢敌人强加给我们的战争，成为全军上下迫切需要回答的"时代之问"。

强调战斗力标准，是有效履行我军根本职能的要求，也是提高军队建设质量效益的要求。军队建设各项工作，如果离开战斗力标准，就失去了根本意义和价值。习主席着眼确保我军担负起新时代使命任务，洞察我军建设发展的问题要害，强调如果军队在战场上打不赢，是要产生严重政治后果的。他要求军队必须把战斗力标准在全军牢固树立起来，必须把战斗力建设放在首位，彻底治理和解决和平积弊，在任何时候任何情况下都能够做到上得去、打得赢，确保在事关维护国家根本利益的战事上，敢于亮剑，果断出手，决战决胜，切实肩负起职责使命，不辜负党和人民的期望。

坚持战斗力标准，就是始终坚持用打得赢的标准搞建设，坚持把提高战斗力作为全军各项建设的出发点和落脚点，坚持用是否有利于提高战斗力来检验和衡量各项工作。近年来，全军围绕落实战斗力标准、聚焦备战打仗的战略要求，深入开展军队根本职能教育和形势战备教育，开展"战斗力标准""新一代革命军人样子"大讨论，开展"和平积弊大起底大扫除"活动，上至领导机关、下到基层班排，层层对照检查，人人全程参与。大兴学习战争、研究战争之风，深入讨论战斗力标准是什么、战斗力现状怎么看、战斗力建设怎么办，向"和平兵""太平官"观念宣战，向"训为看、演为看"的花架子假把式问责。培养确立官兵当兵打仗、带兵打仗、练兵打仗思想，不断强化盘马弯弓、枕戈待旦的战备意识，紧盯强敌对手探索克敌制胜的招法对策，部队建设训练向打仗聚焦，各项工作向打仗用劲，推动全军形成能打仗、打胜仗的正确导向。

第二节　全面提高军事训练实战化水平

言武备者，练为最要。军事训练是生成和提高战斗力的根本途径和重要抓手，是最直接的军事斗争准备。长期以来，我军缺少实战任务，部队训练的实战味不浓，军事训练水平上不去，迫切需要大力推进实战化军事训练，不断提高能打仗、打胜仗的过硬本领。

一、坚定不移把军事训练摆在战略位置

加强军事训练是实现强军胜战的必由之路。我军坚持把军事训练摆在国防和军队建设的重要战略位置。新中国成立后，我军将军事训练确定为建设现代化军队必须长期坚持的经常的中心工作。1963 年至 1964 年，全军推广郭兴福教学法，开展大练兵、大比武活动，掀起了官教兵、兵教官、兵教兵的群众性练兵活动高潮。改革开放后，我军把教育训练重新提高到战略地位，加强诸军兵种合同演练，广泛开展科技练兵活动，军事训练不断创新发展。21 世纪以来，我军适应战争形态向信息化加速演变，积极推动机械化条件下军事训练向信息化条件下军事训练的转变。

[知识链接]

郭兴福教学法

郭兴福教学法是人民解放军以郭兴福的名字命名的一种军事训练教学方法。1964 年 1 月，中央军委号召全军掀起学习郭兴福教学法运动。叶剑英元帅把郭兴福教学法归纳为 5 个突出特点：一是善于在教学中抓现实思想，充分调动练兵积极性；二是练技术、练战术、练

思想、练作风紧密结合在一起；三是采取由简到繁、由分到合、情况诱导、正误对比的方法；四是把言传与身教、苦练与巧练结合起来，使战士百听不厌、百练不倦；五是严格要求，一丝不苟，循循善诱，耐心说服。

进入新时代，习主席要求全军各级要强化练兵备战鲜明导向，坚定不移把军事训练摆在战略位置、作为中心工作，抓住不放，抓出成效。强调实战化训练要实字当头，在近似实战的环境下摔打锻炼部队，检验官兵素质和装备性能，锻造部队过硬战斗力。坚持实战实训、联战联训，坚持按纲施训、从严治训，加强针对性对抗性训练，全面提高军事训练实战化水平。

2018年1月3日上午，中央军委隆重举行开训动员大会，7000余名官兵全副武装、威武列队，近300台装备整齐列阵、气势磅礴。习主席向全军发布训令，号召全军提高军事训练实战化水平，牢牢掌握能打仗、打胜仗的过硬本领。这是中央军委首次统一组织全军开训动员，是人民军队加强新时代练兵备战的一次崭新亮相。2019年1月4日，习主席签署中央军委2019年1号命令，向全军发布开训动员令。

二、坚持实战实训、联战联训

"宜将剑戟多砥砺，不教神州起烽烟。"军事训练作为和平时期军队的基本实践活动，必须坚持仗怎么打兵就怎么练，打仗需要什么就苦练什么，部队最缺什么就专攻苦练什么，坚持从实战需要出发从难从严训练部队。打仗就是硬碰硬，训练必须实打实。紧贴作战任务、作战对手、作战环境，突出使命课题训练，加强实兵实装实案训练，加强新装备新力量训练，加强非传统安全领域训练，加大对抗性训练力度，强化专业技术对抗、首长机关对抗和部队实兵战术对抗训练，走开基地训练路子，到军事斗争一线练兵，提高部队实战能力。近年来，我军大抓实战化军事训练，陆军广泛开展大考核、大比武、大拉动活动，实施"跨越""火力"等跨区实兵实装实案实弹演习。海军在东海、南海多次组织大规模针对性演习，创下参演兵力最多、训练要素最全、攻防难度最大等多项纪录。空军开展了常态化体系远洋训练，实施了"绕岛巡航"等训练课题。火箭军组织导弹基地全型号连续发射、整旅导弹火力突击。武警实施"卫士-16昆仑"演习，31个省、自治区、直辖市数十万兵力上万台车辆参演。此外，还举行中俄"和平使命"等一系列中外军队联演联训联赛。

搞好战略战役训练。将弱军不强，练兵先练将。战略战役训练是军队高层次的训练活动，对增强高级指挥员和机关筹划指导、组织指挥现代战争的能力具有重要作用。围绕强化军委战略指挥功能筹划战略训练，围绕战役指挥筹划战役训练，统筹战略全局、战略方向、战略任务和战略战役目标，加强重大现实问题筹划演练，运用兵棋推演、作战实验、实兵演练等方式，检验作战方案的可行性。

推动联合训练不断实起来、联起来。未来战争需要的核心能力是联合作战能力。联合训练催生联合作战能力，适应以战区为重心的联合作战指挥体制要求，强化战区组织联合训练主体责任，用联合训练牵引军种训练，用军种训练支撑联合训练，突出抓好全系统全要素全流程训练，加强模拟化网络化对抗性手段建设。2012年至2018年底，全军部队广泛开展各战略方向使命课题针对性训

"东方-2018"战略演习 （解放军画报社提供）

练和各军兵种品牌演训，其中，师旅规模以上联合实兵演习 80 余场、跨区基地化演习 300 余场、军兵种之间互为条件演习 100 余场。各大战区结合使命任务组织了各个战略方向的联合战役演习。全系统全要素参与、战略战役力量全覆盖、陆海空天电全维展开，已经成为信息化条件下联合训练的突出特征。

[知识链接]

联合战役训练

联合战役指挥员及其指挥机关和所属部队为掌握联

合战役行动的原则和方法，检验部队实施联合战役行动的能力和战备水平而进行的训练。主要是学习贯彻新时代军事战略方针、统一作战思想、演练联合战役行动，以提高联合战役指挥员和机关指挥能力，增强联合战役军团整体作战能力。

三、切实端正训练作风

军事训练实际上是未来战争的预演，来不得半点漂浮和虚假。要坚决贯彻战训一致原则，按照真、难、严、实的要求，进一步端正训风、演风、考风，坚持按纲施训、从严治训，坚决摒弃"训为看、演为看"等弄虚作假的训练恶习，努力实现训风的根本好转。

近年来，中央军委批准颁布《加强实战化军事训练暂行规定》，召开全军实战化军事训练座谈会，通过不断完善军事训练标准和法规体系，建立健全训练监察督察制度，落实严格的练兵备战工作责任制，不断加大督导问责力度，强化训练监察、科学监察、严格监察。2016年6月召开的全军实战化军事训练座谈会，直击训风演风考风弊端，对实战化训练进行再部署再发动。向全军通报违反军事训练制度规定问题，各级严肃追责问责，对数十个责任单位和近百名责任人作出处理，我军训风、演风和考风有了很大转变。2014年至2018年，连续5次在内蒙古朱日和联合训练基地开展以"跨越"命名的实兵对抗系列演习，参演部队轮番与专业化蓝军激烈厮杀，实战化全方位淬炼作战部队。

严寒边境重点地段实施布控执勤 （解放军画报社提供）

第三节 扎实做好各方向各领域军事
斗争准备

兵可以千日不用，不可一日无备。军事斗争准备是军队的基本实践活动，是维护和平、遏制危机、打赢战争的重要保证。军事斗争准备必须牢牢抓在手上，须臾不可放松。要按照能打仗、打胜仗的要求，真抓实备、常备不懈，扎实推进军事斗争准备各项工作，做到随时准备打仗，随时准备打大仗打硬仗。

一、统筹战略方向军事斗争准备

我国地处亚欧大陆东部，面对浩瀚的太平洋，是中亚、南亚、东北亚、东南亚围聚的区域中心。周边强邻环绕，长期存在领土主权、海洋权益争议和大国战略博弈竞争，地缘战略环境十分复杂，各战略方向都存在不同程度的威胁和挑战，并呈现多向联动的特点。

要统筹战略全局，突出主要战略方向军事斗争准备。我国已进入从陆权国家向陆权海权兼备国家迈进的关键阶段，未来一个时期国家利益拓展、安全威胁和军事斗争焦点主要在海上，必须突出海上方向的战略地位，加强海上军事斗争准备的整体筹划，做好应对"台独"事变和强敌干预的充分准备，努力掌握海上军事斗争的战略主动权。同时，还要重点关注其他战略方向的军事斗争准备，保持战略全局的平衡与稳定。

二、积极做好重大和新型安全领域军事斗争准备

切实增强战略核威慑的可信性和可靠性。核力量是战略威慑的核心力量，是大国地位的重要标志，是维护国际战略平衡的重要因素。世界主要大国都坚持发展核力量、增强核威慑，美国为谋取决定性军事优势，不断推进核力量现代化，全面重振陆基、海基、空基三位一体核能力。俄罗斯把核威慑作为国家安全战略的重要支柱，持续升级海基和陆基洲际核导弹，不断提高核打击能力。我国始终奉行不首先使用核武器的政策，坚持自卫防御的核战略，建设完善核力量体系，提高战略预警、指挥控制、导弹突防、快速反应

等能力，确保战略核威慑的可信可靠。

高度重视应对太空、网络空间等安全威胁和挑战。太空已经成为大国军事竞争的战略制高点。美国通过调整太空政策，不断推出太空发展计划，加大经费投入，研发试验新型太空以及临近空间武器系统，完善太空作战理论，进行太空军事演习，成立太空司令部，凸显了掌控太空霸权的战略意图。网络空间安全威胁现实紧迫，美、俄、日、印等国纷纷推出网络领域斗争国家战略，美国还专门成立了网络战部队。我国必须着眼维护国家太空和网络空间利益，有效捍卫我国空天和网络主权。此外，随着深海探测技术发展和气候变化，深海、极地成为大国战略博弈的新热点。要加快发展相应的技术和军事能力，确保我国在深海资源开发和极地资源利用上占有一席之地，为国家安全发展未来赢得战略主动。

三、构建中国特色现代作战体系

现代战争是体系和体系之间的对抗，平台作战、体系支撑、战术行动、战略保障，已经成为现代战争的显著特点。实施一体化联合作战，需要健全快捷高效的联合作战指挥体系，形成一体化运行的战略预警、指挥控制、防空反导、信息攻防、火力打击、特种作战、战略投送等体系作战能力。美军击毙本·拉登就是一次典型的"大体系支撑精兵行动"，反映了其日益完善的空间和网络情报信息支援、连通华盛顿白宫的战场指挥监控、同步行动的印度洋和阿富汗前线作战力量等构成的作战体系。在叙利亚战场，俄军太空和本土支援的战场指挥控制信息系统，与空天军和特种作战力量构成强大的作战体系，有力支援了叙利亚政府军。

我军适应战争形态和作战方式的革命性变化，围绕提高基于网络信息体系的联合作战能力、全域作战能力，积极构建具有中国特色的现代作战体系。建立了以战区为重心的联合作战指挥体系，完善了军委联合作战指挥中心的指挥功能和保障力量，打造平战一体、常态运行、专司主营、精干高效的战略战役指挥体系。加快提升军种主战装备的信息化水平，调整建立与信息化战争要求相适应的部队编成，推进军兵种战略转型。坚持把网络信息体系作为信息化作战体系的基本形态，作为打赢信息化战争的基础支撑，加快推进指挥信息系统集成改造和升级换代，强化常态化、实战化运用，通过网络信息体系有机融合军兵种各种作战力量、作战单元和作战要素，中国特色现代作战体系正在形成。

四、保持常备不懈的战备状态

我军坚持把日常战备工作提高到战略高度，全面提高日常战备水平，保持军事斗争各个方向、各个领域的高度戒备态势，周密组织常态化边海空防战备巡逻和执勤。密切关注军事安全动向，强化风险防控意识，狠抓战备制度落实。着眼提高快速反应、应急处置能力，加强应急处突力量建设运用，完善作战和各类行动预案，落实战备等级、战备值班等制度。保持政令军令畅通，抓住平战转换枢纽，加快建成平战一体、高度戒备、随时能战的作战值班体系，确保第一时间对紧急事态作出反应和处置。

陆军部队构建各战略方向衔接、多兵种联合、作战保障配套的战备力量体系布局，保持迅即能动和有效应对的良好状态。海军部队组织和实施常态化战备巡逻，在相关海域保持军事存在。空军部队坚持平战一体、全域反应、全疆到达的原则，保持灵敏高效的战备状态。火箭军平时保持适度戒备状态，按照平战结合、常备不懈、随时能战的原则，构建要素集成、功能完备、灵敏高效的作战值班体系。战略支援部队是维护国家安全的新型作战力量，是我军新质作战能力的重要增长点，为我军联合作战体系提供重要支撑。联勤保障部队做好应急保障和战略战役保障力量建设和物资储备，按照先到位、后收场、全程用的要求，随时准备、快速响应、全维参战、精确保障。武装警察部队作为反恐防恐的重要武装力量，加强反恐针对性军事训练，不断提高反恐能力，坚持零容忍，主动进攻、先发制敌，努力把暴恐活动消灭在萌芽状态。

地空导弹发射 （解放军画报社提供）

第四节　建设强大的现代化后勤

现代战争大量运用高新技术武器装备，在多维空间战场展开一体化联合作战，战争节奏快、强度高、消耗大、技术保障复杂，综合保障的任务极其繁重。可以说，现代战争就是打保障，没有强大的综合保障能力，很难赢得作战胜利。

建设一切为了打仗的后勤。我们要的是打仗后勤，而不是过日子后勤。全军把"着力建设一切为了打仗的后勤"细化为一张张路线图、时间表，分方向成体系推进后勤聚焦实战准备。积极争取国家财力支持，大幅增加装备研发、战场配套、联合演训、新型作战力量建设和人才培养等投入，有力保障了部队履行职能使命需求。

加强后勤战备建设。一切为了前线、一切为了胜利，是后勤工作的出发点和落脚点。后勤工作要坚持保障打仗的根本指向，坚决纠正重生活轻战备、重平时轻战时的和平麻痹思想，按照打仗标准建后勤、用后勤。我军着眼平时服务、急时应急、战时应战，抽组建设综合、油料、卫勤、运输和工程野营5类应急保障力量，组建重装运输连，依托国有大型企业抽组战略投送支援机队、船队、车队，建立常态值班备勤，落实装备人员物资，做到一旦有事能够拉得出、上得去、保得好。

改革联勤保障体制。随着诸军兵种一体化联合作战成为现代战争基本样式，保障体制也需要实现一体化。我军不断探索建立联勤保障体制，成立军委后勤保障部，调整组建联勤保障部队，设立无锡、桂林、西宁、沈阳、郑州5个联勤保障中心，组建联勤保障旅和直属保障大队。这就构建了以联勤保障部队为主干、军种为补充、统分结合、通专两线的保障体制，以战略战役力量为主干、队属后勤保障力量为补充、社会保障为依托的保障体系，建立起具有我军特色的现代联勤保障体制。

完善后勤政策制度。军队后勤工作本质上是军事经济工作，发轫于战场，根植于市场，既受军队法规制度约束，又受国家经济秩序制约，完善政策制度有着重要意义。近年来，我军深化预算管理、资金收付、集中采购和军人医疗、保险、住房保障、工资福利等制度改革。坚持花钱要有章法，军队颁发了厉行节约严格经费管理的相关规定，明确从严管控会议集训和公务接待开支等刚性措施。组织制定修订会议差旅、公务接待、办班培训、账

联勤保障部队打通战场生命通道 （解放军画报社提供）

户资金管理等方面法规制度，重点解决物资采购、工程建设、土地转让、经费划拨、装备科研、用车占房等方面问题。严密组织基本建设项目和房地产资源普查，强力开展财务、军车、医疗、住房等专项整治。

推进后勤科学管理。"后勤三分供、七分管"，管理是后勤永恒的主题。我军后勤建设要搞上去，必须来一场深刻的管理革命，切实把军费管好用好，使国防投入发挥最大效益。勤俭建军这一条，什么时候都不能丢，浪费和糟蹋军费，就是对党和人民极大的犯罪。军队要坚持需求牵引规划，规划主导资源配置，把住经费使用源头，推行事业部门初审、专家评审、财务审计联审的预算审核模式，探索实行事业经费绩效管理办法。依据标准组织供应，出台一系列支撑军事斗争准备和后勤建设发展的经费与实物保障标准，基本实现部队日常维持经费和统配实物的标准化供应。注重集约高效，采取统筹任务、捆绑经费、整体推进办法，成建制全要素实施新组（扩）编部队基础设施建设。推行军人住房公积金贷款办法，稳步推开安置住房区域统建项目，在北京、上海、广州等城市试行推开安置住房统购试点项目。

全面停止军队有偿服务。军人天职是打仗，军队不能有"副业"。2015年11月，中央军委决定全面停止全军和武警部队有偿服务。军队协调军地各层面成立领导小组，建立统分结合、齐抓共管、部际联席、行业指导、分级落实工作机制，有计划分步骤稳妥推进。实施医疗科研岗位津贴、经费收支两条线、职工分流安置和收回房地产调整利用等配套政策措施，基本实现了军队不从事经营活动的目标。

第五节　为打赢未来战争提供坚强人才保证

强军胜战，要在得人。人是战争的主体，是强军事业的实践者，人才竞争是军事竞争的核心问题。我军要建设世界一流军队、备战打赢未来战争，迫切需要构建以联合作战指挥人才、新型作战力量人才、高层次科技创新人才、高水平战略管理人才为主体的新型军事人才体系。

一、健全三位一体的新型军事人才培养体系

军事人才的成长要靠培养打基础、靠实践去历练。长期以来，我军探索形成了军队院校教育、部队训练实践、军事职业教育三位一体的现代军事人才培养基本模式，为培养大批高素质新型军事人才发挥了重要作用。

治军先治校，强军必强校。军队院校是造就高素质军事人才的主渠道，是军事人才培养的摇篮。依靠军事院校培养军事人才，是世界军事人才建设的一条普遍规律。1927 年，毛泽东同志在井冈山革命根据地创办军官教导队，到陕北后不久成立了中国人民抗日军事政治大学。新中国成立后，我军建立了南京军事学院、哈尔滨军事工程学院等一大批军事院校，军事人才培养走上正规。改革开放后，全军组建以国防大学、国防科技大学为代表的军事院校，建立依托地方高校培养军队人才制度，派出多批军事留学生，人才培养取得巨大进步。按照《2020 年前军队院校教育改革和发展规划纲要》，建立和完善以岗位需求为牵引的人才培训体系，以任职

教育为主体的新型院校体系，形成现代军队院校教育体制。根据习主席提出的面向战场、面向部队、面向未来的办校治学思路，院校教育围绕实战搞教学、着眼打赢育人才，与军事斗争准备靠得更紧，与部队创新实践联得更深，与世界军事前沿贴得更近，更加有效地助力强军实践。

"宰相必起于州部，猛将必发于卒伍。"军事实践、基层锻炼是军事人才培养的必由之路。古往今来，人才特别是军事人才大都是从基层开始，经过艰苦的环境锻炼和实践考验一步步成长起来的。要坚持把部队训练实践作为官兵成长成才的基本平台，为那些具有坚定理想信念、崇高价值追求、富有发展潜力的干部提供实践舞台，使他们在实际工作中磨砺检验，在敢于担当中历练成长。通过多领域、多层次、多岗位锻炼，使他们在部队建设和军事斗争准备中、在完成急难险重任务中尽快成长起来。

军事职业教育是院校教育、部队训练的拓展补充，是素质教育在军事领域的重要实现形式。现代科学技术迅猛发展，战争形态加速演变，"知识恐慌""本领恐慌"已经成为军人的常态。根据岗位需求和实战要求，加强军事职业教育成为现代军事人才培养不可或缺的重要环节。要通过院校岗位任职培训，利用网络信息技术启动远程教育，建立军事"慕课"培训机制，使全员学习、开放学习、终身学习成为提高军事人才培养效率的重要方式。

二、坚持把联合作战指挥人才、新型作战力量人才培养作为重中之重

"千军易得，一将难求。"联合作战指挥人才是打赢未来信息化

战争的关键所在。现代战争，战场空间向陆海空天电网全维拓展，作战方式向诸军兵种力量一体联动、一体化联合作战发展，新的战争形态和作战样式呼唤与之相适应的新型作战人才。2016 年 4 月 20 日，习主席视察军委联合作战指挥中心，要求全军采取超常措施，多管齐下培养联合作战指挥人才，尽快有一个大的突破。强调把想打仗、谋打仗、能打仗的干部用起来，把优秀人才放在吃劲、要紧之处。这一备战打仗的鲜明导向，激励一批批矢志打赢、能谋善战的打仗型指挥员脱颖而出。

随着我军建设发展步伐的不断加快，无人、隐形、精确化武器装备成建制列装部队，特种作战、陆军航空兵、电子对抗等新型作战力量建设稳步推进，体制编制和部队编成相应调整，新型作战力量已经成为我军联合作战体系的重要支撑。着眼新型作战力量建设与运用的紧迫需求，必须加快培养大批新型作战力量人才。全军积极适应新的形势任务要求，遵循新型作战力量人才成长规律，探索捆绑式、个性化岗位培养，使新型作战力量人才不断涌现。

三、培养造就宏大的高素质新型军事人才队伍

人才是第一资源，人才强则事业强，人才兴则军队兴。大规模培养高素质新型军事人才，是实现强军目标、建成世界一流军队的战略性要求。

建设世界一流军队必须有一流军事人才。当今时代，军队技术构成日益复杂，知识密集程度不断提高，没有大量具有高科技素质和军事技能的一流军事人才，就难以适应现代军队建设和作战要

求。美军提出新型军事人才是军事战略竞争的制高点，俄军按照精干化、职业化和现代化的要求加强人才队伍建设，印度等一些发展中大国也在努力争夺新型军事人才培养的战略制高点。我军要全面建成世界一流军队，必须把培养世界一流军事人才作为首要战略任务。

适应实现强军梦和打赢未来战争需要培养高素质新型军事人才。我军在深入实施人才战略工程的基础上，制定人才建设发展目标，实施人才建设重大专项工程，调整改革军队院校体制编制，加大各类人才培养力度。不断创新人才培养、引进、保留、使用的体制机制和政策制度，努力营造尊重人才、求贤若渴的社会环境，待遇适当、后顾无忧的生活环境，公平平等、竞争择优的制度环境。干部政策制度改革不断推进，干部工作大检查、"裸官"清理等多措并举，选人用人工作监督、干部任职回避等干部选拔任用制度配套出台。经过扎实历练的一线带兵人"香"起来了，懂指挥能打仗的人"显"出来了，各类人才创造活力竞相迸发的局面正在形成，这就为造就大批能够担当强军胜战重任的高素质新型军事人才提供了有力保证。

[案 例]

锻造空中精锐的荣誉之战
——空军开展"金头盔""金飞镖"实战化训练的做法

近年来，空军按照大抓练兵备战的部署要求，实战化军事训练蓬勃发展，军事斗争准备水平和部队实战能力显著提升。2009年和2011年，空军着眼有效履行攻防兼备使命任务，提升进攻作战和制空能力，先后创立了"金飞镖"突防突击和"金头盔"对抗空战竞赛考核。"金头盔""金飞镖"奖是歼击航空兵的年度性竞赛性考核奖项，是飞行员的最高荣誉。参赛机型涵盖苏-27、歼-11B、苏-30、歼-10、歼轰-7A、轰-6等主力战机，考核地域由荒漠、戈壁拓展到峡谷、海上、高原，不断融入信息攻防、体系对抗、复杂电磁环境等要素，难度越来越大、层次越来越高。

空军开展"金头盔""金飞镖"实战化训练，主要有以下做法：

一是贴近实战，构设复杂逼真战场环境。未来制空和空中进攻作战，战场空间广阔、参战力量多元、环境复杂多变。考核贴近实战设置条件，时间从寒冬到酷暑、从日出到日没，地域从陆地到高原、从戈壁到海上，对手从普通部队发展到专职蓝军部队，环境从单一到成体系、多重干扰和威胁，全时段全天候全地域组织，最大限度模拟真实战场环境，最大限度按照真实作战进程组织。

二是立足打仗，制定考核规则。坚持战斗力标准，在训练强度、场次安排、组织方法、评估要素等方面认真贯彻"训战一致"要求，全面营造练兵打仗的浓厚氛围，全方位锻炼检验部队综合能力。考核按作战进程组织，按整建制出动兵力或临机抽选，不搞拼凑尖子，少数人练，考核前不准到现场勘察，不准赴考核地域训练，不组织合练预演。以未来作战使用什么武器、遭遇什么对手、打击什么目标和可能遇到什么情况的原则规划设计方案，推动部队训练由"技术基础"向"战术运用"转变，由"选择最佳条件"向"适应战场环境"转变。成绩评估采用客观记录数据，确保公平、真实。飞行员普遍反映，考核贴近实战，训练让人冒汗，比武就像作战，过程充满挑战。

三是紧盯任务，创新改进战法。按照打仗要求，潜心研究"敌情"、我情和战场环境，深入开展战法研究创新。放手"自由空战"，放开条件对抗，极大激发了各作战单元的主动性、创造性。加强雷达、电子战、机载火控、数据链、导弹等武器装备全功能使用和开发，攻防转换更加突出精准性和时效性，战术战法在近似实战中得到验证。无论是战术运用的合理性、战术研究的细致程度，还是武器装备的全功能运用，以及飞机平台极限性能的发挥等，相比以往都有很大进步。

四是从难从严，暴露问题不足。考核不怕暴露问题，不按好飞、好看、好打"三好"组织，不追求理想条件下武器弹药"高命中率"。在近似实战条件下检验部队远程奔袭对陌生区域、实体目标识别和打击能力。航空兵部队自行规划突防航线，自行研究制定对地打击战术战法；担负拦截任务的地面防空部队自行确定阵地位置实施立体抗击，逼着红蓝双方发挥最大作战潜力，打出真实水平。不仅牵引了部队实战化训练和战法研练，而且为武器装备升级改进提供了客观依据。

五是激发动力，提升练兵热情。作战训练任务区分为对空类、对地类、综合类等5个类别，从已知条件到未知条件、简单任务到复杂任务，设定每个飞行架次的训练目标，根据飞行员战术运用、态势判断、风险应对等训练表现划分5个等级。把部队"摆"在同一台面上，把成绩"晒"在阳光下，训练水平一目了然。在"争第一、扛红旗"的激励下，部队主官率先垂范，叫响"看我的、跟我来"；飞行员以成绩的优劣争夺参赛名额，你追我赶、不断超越的训练氛围非常浓厚。通过竞赛性考核的牵引和锻炼，部队间训练差距逐步缩小，展现了很强的"亮剑"精神。

"金头盔""金飞镖"实战化训练，成为检验和磨砺空军部队实战能力的有效平台，极大锻炼提升了空空、空地作战能力。从中可以得出以下启示：

军事训练必须突出实战化这个中心。"金头盔""金飞镖"展示的，既是飞行员夺金的必胜信心，更是空军党委大抓实战化训练的丰硕成果。竞赛考核的战鼓擂响日，正是军队规模结构和力量编成改革全面启动时。无论空军改革任务多艰巨，整体任务多繁重，始终坚持实战化训练不放松，这才有了战斗力实实在在的提升。

现代空中作战必须强化体系支撑。"金头盔""金飞镖"展示的，既是空军飞行员的技战术水平，更是空军

"金头盔"飞行员 （解放军画报社提供）

部队整体战斗力的水准。未来作战，体系制胜。飞行员的每次挥戈，都离不开武器装备、指挥系统、保障力量等庞大的体系作支撑；每次亮剑，都是体系智慧的汇聚、体系要素的融合、体系力量的聚变，必须牢固树立体系作战理念，不断强化体系支撑，汇聚起体系整体最大合力。

提高部队战斗力必须深化改革。"金头盔""金飞镖"展示的，既是部队的训练成果，也是空军深化改革加快转型的硕果。深化品牌训练、训练法规体系建设、新型飞行教官培训等改革成果，都在一次次的竞赛考核中以不同形式得到展示、检验，牵引促进中国空军不断走向胜利。

～ 本章小结 ～

战场打不赢，一切等于零。聚焦备战打仗，是军队的职能所系、使命所向，责无旁贷、义不容辞。确立新时代聚焦备战打仗的鲜明导向，是破除和平积弊的战略举措。必须坚持战斗力这个唯一的根本的标准，扎实做好各方向各领域军事斗争准备，全面加强实战化军事训练，建设一切为了打仗的现代后勤，培养一大批高素质新型军事人才。

【思考题】

1. 如何理解新时代军队聚焦备战打仗的重大意义？

2. 和平时期为什么要大力推进军事训练实战化？

3. 军队怎样才能聚焦备战打仗？

第六章
深化国防和军队改革

深化国防和军队改革，是实现中国梦强军梦的时代要求，是应对世界新军事革命的必然之举，是推动国防和军队现代化的强大动力。进入新时代，习主席坚持把这项重大改革摆在党和国家工作全局的突出位置，从战略高度来谋划和推进，立起我军新体制的四梁八柱，优化规模结构和力量编成，在重要领域和关键环节取得重大突破，我军体制、结构、格局和面貌焕然一新。

第一节　坚定不移把改革进行到底

人民军队发展史，就是一部改革创新史。在党的领导下，我军从小到大、从弱到强、从胜利走向胜利，一路走来，改革创新步伐从来没有停止过。可以说，我军之所以始终充满蓬勃朝气，同我军与时俱进不断推进自身改革是紧密联系在一起的。

新中国成立后的五六十年代，我军着眼建设优良的现代化革命军队，开始了由低级阶段向高级阶段的转变。建立健全国家军事领导体制和各级军事领导管理体制，充实和调整军委总部领导机构，建立和完善军区领导体制；增加海军、空军及陆军特种兵的比重，组建第二炮兵；实施军衔制、薪金制和义务兵役制，制订颁发共同条令、政治工作条例、作战条例等；组建军事院校和军事科研机构；建立统一的后勤保障体制；组建国防科研工业领导机构；大力发展民兵，探索"三结合"武装力量体制新的实现形式。

20世纪80年代，适应军队建设指导思想战略性转变，我军走上一条中国特色精兵之路。改革完善国家军事领导体制，设立国家中央军事委员会；把体制改革、精简整编作为军队改革的重要任务，实施百万大裁军；改革调整军委总部、兵种机关和大军区体制，撤销、合并、缩编一些兵种，调整组建7个大军区；陆军组建合成集团军，加大技术兵种比重；建立预备役部队，重新组建中国人民武装警察部队。

20世纪90年代至21世纪初，我军积极推进中国特色军事变革，努力完成机械化和信息化双重历史任务。以进一步优化结构、理顺关系为重点，裁减军队员额50万；精简总部及军区直属机构部队，改革院校体制，优化部队编成结构，加强海军、空军和第二炮兵建设，组建应急机动作战部队；建立新的武器装备管理体制，成立新的装备管理体制，调整建立三军一体联勤保障体系。

进入21世纪，我军加快机械化和信息化复合发展，增强应对多种安全威胁、完成多样化军事任务的能力。裁减军队员额20万，改善官兵编配比例；完善领导指挥体制，优化军兵种结构，精简陆军，加强海军、空军和第二炮兵建设；深化联勤保障体制改革，调整院校体制编制；强化军委总部战略管理职能。

历史深刻证明，改革创新是我军发展的强大动力。新的时代条件下，国防和军队改革进入攻坚期和深水区，长期积累的体制性障碍、结构性矛盾、政策性问题从根本上制约了军队建设和军事斗争准备，不改革是打不了仗、打不了胜仗的。习主席亲自领导、设计和推动国防和军队改革，以敢于啃硬骨头、敢于涉险滩的战略勇气和对党和国家事业高度负责的担当精神，向积存多年的顽障痼疾开刀，用全局观念和系统思维谋划改革，全面实施改革强军战略。几年来，我军改革大开大合、大破大立、蹄疾步稳，集中打了领导指挥体制改革、规模结构和力量编成改革"两大战役"，并开启了军事政策制度改革新的战役，推进力度之大、触及利益之深、影响范围之广前所未有，实现了我军组织架构和力量体系的整体性、革命性重塑，人民军队体制一新、结构一新、格局一新、面貌一新。

2013 年 11 月召开的党的十八届三中全会，把国防和军队改革纳入全面深化改革总体布局、上升为党的意志和国家行为，充分体现了以习近平同志为核心的党中央对深化国防和军队改革的高度重视。2014 年 3 月，中央军委成立深化国防和军队改革领导小组和相关工作机构，开展改革方案研究论证和拟制工作。习主席亲自担任领导小组组长，多次主持中央政治局、中央军委和军委改革领导小组会议，研究决定国防和军队改革重大问题，就深化国防和军队改革作出一系列重要指示，实施了坚强领导和正确指导。2015 年 7 月 29 日，中央政治局常委会审议通过了深化国防和军队改革总体方案。11 月 24 日至 26 日，中央军委召开改革工作会议对深化国防和军队改革进行全面部署，一整套集中全军智慧、有重大创新突破、我军特色鲜明的改革设计正式推出。

深化国防和军队改革的总体指导思想是，以马克思列宁主义、毛泽东思想、邓小平理论、"三个代表"重要思想、科学发展观、习近平新时代中国特色社会主义思想为指导，按照"四个全面"战略布局要求，以党在新时代的强军目标为引领，深入贯彻新时代军事战略方针，全面实施改革强军战略，着力解决制约国防和军队建设的体制性障碍、结构性矛盾、政策性问题，推进军队组织形态现代化，进一步解放和发展战斗力，进一步解放和增强军队活力，建设同我国国际地位相称、同国家安全和发展利益相适应的巩固国防和强大军队，为实现"两个一百年"奋斗目标、实现中华民族伟大复兴的中国梦提供坚强力量保证。

航母编队海上航行 （解放军画报社提供）

深化国防和军队改革,第一步是调整完善领导指挥体制,第二步是优化规模结构和力量编成,第三步是完善政策制度。根据改革总体方案确定的时间表,2020 年前要在领导管理体制、联合作战指挥体制改革上取得突破性进展,在优化规模结构、完善政策制度、推动军民融合发展等方面改革上取得重要成果,努力构建能够打赢信息化战争、有效履行使命任务的中国特色现代军事力量体系,完善中国特色社会主义军事制度。

深化国防和军队改革需要遵循以下原则。一是坚持改革的正确方向,既不能走封闭僵化的老路,也不能走改旗易帜的邪路,必须紧紧围绕更好发挥中国特色社会主义军事制度的优势、更好坚持党对军队的绝对领导、更好坚持人民军队的性质和宗旨、更好坚持我军的光荣传统和优良作风。二是聚焦能打仗、打胜仗,坚持用战斗力标准衡量和检验改革成效,把改革主攻方向放在军事斗争准备的重点难点问题上,放在战斗力建设的薄弱环节上,努力解决制约战斗力释放的问题。三是加强统筹谋划,抓住主要矛盾和矛盾的主要方面,以重点突破带动整体推进,同时把握好各项改革任务的关联性和耦合性,处理好改革发展稳定的关系。四是处理好以我为主与学习借鉴的关系,走出一条中国特色的国防和军队改革发展路子。

第二节　重塑领导指挥体制

我军历史上形成的以总部体制和大军区体制为基础的领导指挥体制,对推动我军建设发展、保证各项重大任务完成发挥了十分重要的作用。

历经长期革命战争和新中国军事斗争实践，我军形成了中央军委领导下的总参谋部、总政治部、总后勤部、总装备部四总部领导体制。中央军委通过四总部对各军区、各军兵种实施领导指挥。随着形势和任务发展，这种体制存在的问题也日益凸显，职能泛化、条块分割、政出多门、相互掣肘、战略功能不强的问题比较突出。特别是四总部权力相对集中，事实上成了一个独立领导层级，代行了军委许多职能，不利于军委集中统一领导。

长期以来，我军实行作战指挥和建设管理职能合一、建用一体的体制。各大军区（战区）既要负责组织协调本区内陆军、海军、空军部队的联合作战行动和演习，又要直接领导所属陆军部队的各项建设工作，以及本区的民兵、兵役、动员、人民防空和战场建设等工作。新形势下，这种体制越来越难以适应现代军队专业化分工的要求，难以适应信息时代能打仗、打胜仗的要求。这种体制不调整，势必影响作战效能和建设效益，不利于军委对全军实施高效的领导指挥。

领导指挥体制改革，是我军改革的难点和重点所在。习主席和中央军委着眼我军总部体制和大军区体制长期存在的深层次矛盾和问题，领导展开领导指挥体制改革，对领导管理体制和作战指挥体制进行一体设计，实现了军队组织架构历史性变革。

一、把握军委管总、战区主战、军种主建这个总原则

深化领导指挥体制改革，首先要深刻理解和把握军委管总、战区主战、军种主建总原则。这个总原则，是立足党情国情军情，在

把握现代军队领导指挥特点和规律的基础上确定的，有着政治上的深层次考虑。它要解决的问题，就是要在新形势下确保党对军队的绝对领导，确保军委高效指挥军队，确保军委科学谋划和加强部队建设管理。

坚持军委管总原则，就是要着眼克服我军传统的总部体制的缺点和不足，以军委机关调整改革为龙头，按照调整职能、理顺关系、优化结构、提高效能的思路，把总部制改为多部门制，使军委机关指挥、建设、管理、监督等路径更加清晰，决策、规划、执行、评估等职能配置更加合理，战略谋划和宏观管理职能更加聚焦。

坚持战区主战、军种主建原则，就是要着眼克服长期以来我军"战建合一"机制的缺点和不足，重新调整划设战区，建立健全军兵种领导管理体制，使作战指挥职能和建设管理职能相对分离，把联合作战指挥的重心放在战区，把部队建设管理的重心放在军兵种，让战区和军兵种在军委统一领导下各司其职、各负其责。

二、构建军委——军种——部队的领导管理体系

积极推进军委机关调整组建，按照突出核心职能、整合相近职能、加强监督职能、充实协调职能的思路方法，把军委机关由4个总部改为15个职能部门，使其真正作为军委的参谋机关、执行机关、服务机关，以主要精力履行战略谋划和宏观管理职能。这是整个领导指挥体制改革的龙头，是这轮改革中最具革命性的举措，是对我军战略领导、战略指挥、战略管理体系的一次全新设计。

彻底打破大军区、大陆军体制，把陆军作为一个独立的军种真正立起来，成立陆军领导机构，全面统筹陆军的各项建设管理任务。成立火箭军、战略支援部队、联勤保障部队，明确了各自建设管理的目标任务。这样，连同原有的海军、空军领导机构，就构成了完整的军兵种领导管理体制和新型作战力量领导体制。军兵种从原有的建用一体运行模式转变过来，以主要精力抓好部队建设管理。经过以上调整，就形成了军委—军种—部队的领导管理体系，为实现军队建设管理专业化科学化奠定了坚实的体制基础。

三、构建军委—战区—部队的作战指挥体系

现代战争的一个革命性变化就是指挥对抗在现代战争中的作用空前上升，作战指挥战略性、联合性、时效性、专业性、精确性要求越来越高。这些年，我军在联合作战指挥体制方面做了不少探索，但联不起来的问题没有从根本上解决。联合作战指挥体制搞不好，联合训练、联合保障体制改革也搞不通。必须以联合作战指挥体制改革为突破口，构建平战一体、常态运行、专司主营、精干高效的战略战役指挥体系。

近年来，我军适应现代战争信息主导、体系对抗、联合制胜发展趋势，按照权威、精干、灵便、高效要求，健全军委联合作战指挥机构，创设军委联合作战指挥中心作为战略指挥中枢，习主席亲自担任军委联合作战指挥中心总指挥。同时，把联合作战指挥的重心放在战区，根据国家安全威胁和军队担负的使命任务，把七大军区调整划设为东部、南部、西部、北部、中部五大战区，组建战区

联合作战指挥机构。新的战区作为本区域、本方向唯一最高指挥机构，按照军委赋予的指挥权责，指挥所有担负战区作战任务的部队。

四、实行中央军委—武警部队—部队领导指挥体制

调整武警部队领导指挥体制，武警部队由党中央、中央军委集中统一领导，融入全军联合作战体系。这有利于全面落实党对全国武装力量的绝对领导，优化我国武装力量体系，坚持和发展中国特色社会主义军事制度，对实现党在新时代的强军目标、推进国家治理体系和治理能力现代化、实现党和国家长治久安具有重大而深远的意义。

武警开展实战化演练，提高特战队员反恐作战能力　　　　（解放军画报社提供）

第三节　优化规模结构和力量编成

规模结构和力量编成改革，是推进我军组织形态现代化、构建中国特色现代军事力量体系的关键一步，具有十分重大的意义。

军事发展史表明，规模结构和力量编成落后，必然导致战场上被动挨打。当今世界新军事革命迅猛发展，迫切要求加快推进军队规模结构和力量编成改革。随着战争形态加速向信息化战争演变，军队规模结构和力量编成也在发生新的变化，科技因素影响越来越大，精干化、一体化、小型化、模块化、多能化等特征越来越突出。20 世纪 90 年代以来，美军先后打了海湾战争、阿富汗战争、伊拉克战争等，之所以能够在战场上频频得手，一个重要原因就在于其力量体系先进、作战编组灵活。

新中国成立后，我军经历了多次精简整编，规模结构和力量编成不断优化。然而，与现代战争要求相比，我军总的数量规模仍然有些偏大，重大比例关系不够合理，陆军所占比例偏高，精锐作战力量比较少，体系作战能力亟待提高，整体上仍属于陆战型、国土防御型、人力密集型的力量结构，还没有完全从重兵集团、以量取胜的模式中走出来。

习主席领导我军坚定不移把这项重大改革推向前进。2016 年 12 月正式启动实施军队规模结构和力量编成改革。这次改革的总体思路，主要是着眼于维护国家主权、安全、发展利益，有效应对各战略方向和重大安全领域现实威胁，按照调整优化结构、发展新型力量、理顺重大比例关系、压减数量规模的要求，推动我军由数量规模型向质量效能型、由人力密集型向科技密集型转变，部队编成向充实、合成、多能、灵活方向发展，构建能够打赢信息化战争、有效履行使命任务的中国特色现代军事力量体系。

一、优化兵力规模构成，打造精干高效的现代化常备军

兵贵精不贵多。新形势下，衡量一支军队强不强，要看规模，更要看质量。2015年9月，习主席在中国人民抗日战争暨世界反法西斯战争胜利70周年纪念大会上宣布，裁减军队员额30万，把军队规模减至200万。这是适应国家安全战略和军事战略需求发展变化，按照精简高效原则确定的。针对长期存在的"头重脚轻尾巴长"突出问题，精简机关和非战斗机构人员，大幅压减干部数量，扩大"官改兵"岗位，改变非现役人员范围，裁减冗余人员，减少领导职数等，使官与兵、机关与部队、作战部队与非战斗单位等比例关系更加合理。这样调整后，军队总规模下来了，作战部队人员不减反增，有利于去掉脂肪、增加肌肉，提升战斗力。

[知识链接]

新中国成立后裁减军队员额

新中国成立后，我军进行了多次精简整编，由于20世纪六七十年代对战争威胁判断趋于严峻，加上"文化大革命"影响，军队没有摆脱精简—膨胀—再精简的局面。1969年底，全军的编制定额增长到631万余人。

改革开放以来，我军走中国特色精兵之路，1985 年中国政府决定裁减军队员额 100 万，至 1990 年实际裁减 103.9 万人。1997 年 9 月，党中央宣布三年内裁减军队员额 50 万，2003 年 9 月党中央决定 2005 年前再裁减军队员额 20 万，把我军总员额控制在 230 万以内。

二、调整力量结构布局，打造以精锐作战力量为主体的联合作战力量体系

历史上常有这样的现象，作战双方兵力兵器差不多，但组合方式、运用方式、作战能力不同，有时候兵力少一些、兵器差一些但组合运用得好的军队，同样能战胜强敌。现代战争中，信息主导、体系对抗特征日益突出，必须顺应这个大势，强化体系建设思想，通过对体系结构整体再造促进战斗力跃升。

根据战略态势优化军兵种结构。我军是在陆军基础上、在机械化战争条件下、在打大规模地面战争背景下发展起来的，尽管这些年来海军、空军、火箭军有了长足发展，但基本上还是"大陆军"。这次改革，对军兵种结构作了较大调整，着力压减陆军规模，从根本上改变长期以来陆战型、国土防御型的力量结构，有利于更好支撑国家安全战略和军事战略的实现。

优化军兵种内部力量结构。统筹传统作战力量与新型作战力量发展，大幅度提高新质战斗力比重，为新型作战力量"腾笼换鸟"，努力构建以精锐作战力量为主体的军事力量体系。坚持以信息化为发展方向，把新型作战力量建设作为战略重点，着力提高精确感

陆军某旅推进战斗力转型，装甲群发射烟幕弹 （解放军画报社提供）

知、精确指挥、精确打击、精确评估、精确保障能力，提高立体突击、快速反应、远程机动、特种作战等能力，促进新质战斗力加快形成。

三、改革作战部队编成，打造具备多种能力和广泛作战适应性的部队

编成直接影响部队战斗力提升和使命任务完成。信息化战争条件下，模块化编组、积木式组合、任务式联合是世界主要国家军队编成调整的大方向，以往重兵集团编组模式越来越不适应形势发展。我军部队编成同形势任务要求不适应的问题比较突出，这就要求坚持以技术发展驱动编成创新。全军新调整组建 84 个军级单位，

调整组建 13 个集团军，集团军编组要素更加齐全、结构功能更加完善。根据各战略方向作战任务和作战环境，对人员编制、装备编配、建制单位编组进行调整，确保顶用管用。调整省军区系统，统筹推进陆军机动作战部队和边海防部队建设，构建完整的边境防卫体系，这有利于减少指挥层级，进一步理顺指挥关系，也便于省军区更好履行面向三军、协调军地的职能。

我军院校、科研机构、训练机构改革，是全面实施改革强军战略的重要一步。调整组建新的军事科学院、国防大学、国防科技大学，是推进改革强军、构建我军新型军事人才培养体系和军事科研体系的战略举措。军事科学院是全军军事科学研究的拳头力量，坚持面向战场、面向部队、面向未来，坚持理技融合、研用结合、军民融合，加快发展现代军事科学，努力建设世界一流军事科研机构。国防大学是培养联合作战人才和高中级领导干部的重要基地，突出高素质联合作战指挥人才和参谋人才培养，加强军事理论研究，努力建设世界一流综合性联合指挥大学。国防科技大学是高素质新型军事人才培养和国防科技自主创新高地，抓好通用专业人才和联合作战保障人才培养，加强核心关键技术攻关，努力建设世界一流高等教育院校。

第四节　推进军事政策制度改革

军事政策制度调节军事关系、规范军事实践、保障军事发展，军事政策制度改革对实现党在新时代的强军目标、把人民军队全面建成世界一流军队，对实现"两个一百年"奋斗目标、实现中华民族伟大复兴的中国梦具有重大意义。

在革命、建设、改革各个历史时期，我们党根据形势发展变化、党的历史使命、人民军队担负的职责任务，根据建军治军特点规律和实践要求，不断调整和完善军事政策制度，为人民军队永葆性质和宗旨、提高打赢能力、不断从胜利走向胜利提供了重要保障。中国特色社会主义进入了新时代，国防和军队建设也进入了新时代，解决军事政策制度深层次矛盾和问题，全面释放深化国防和军队改革效能，开创强军事业新局面，掌握军事竞争和战争主动权，迫切需要适应形势任务发展要求，对军事政策制度进行系统、深入改革。

军事政策制度改革的指导思想是，以习近平新时代中国特色社会主义思想和党的十九大精神为指导，深入贯彻习近平强军思想，以确保党对军队绝对领导为指向，以战斗力为唯一的根本的标准，以调动军事人员积极性、主动性、创造性为着力点，系统谋划、前瞻设计，创新发展、整体重塑，建立健全中国特色社会主义军事政策制度体系，为实现党在新时代的强军目标、把人民军队全面建成世界一流军队提供有力政策制度保障。

军事政策制度改革，主要包括以下四个方面内容：

一是深化军队党的建设制度改革。贯彻新时代党的建设总要求，以党章为根本遵循，重点从政治建设、思想建设、组织建设、作风建设、纪律建设5个方面提出改革举措，通过制定修订贯彻军委主席负责制相关规定、军队党的建设条例等主干制度，健全完善落实军委工作规则的规定和细则等一系列具体制度和配套制度，形成维护党中央权威和集中统一领导、维护和贯彻军委主席负责制、确保党对军队绝对领导的我军党的建设制度。

二是创新军事力量运用政策制度。重点从军事战略指导、联合作战指挥、联合作战行动、联合作战保障、战备工作 5 个方面提出改革举措，通过建立健全新时代军事战略体系、联合作战纲要、非战争军事行动纲要、战备条例等主干制度，健全完善新一代联合作战条令、战备工作相关规定等一系列基本制度和配套制度，形成基于联合、平战一体的军事力量运用政策制度。

三是重塑军事力量建设政策制度。重点从军事人力资源、军事训练、武器装备发展、军事科学研究、军事后勤建设、国防动员体系建设 6 个方面提出改革举措，通过制定修订现役军官法、文职人员条例、兵役法等主干制度，健全完善军官职业化相关制度、退役军人安置法等一系列具体制度和配套制度，形成聚焦打仗、激励创新、军民融合的军事力量建设政策制度。

四是改革军事管理政策制度。重点从战略管理、军费管理、组织编制管理、部队教育管理、审计监督、军事法制建设、国际军事合作 7 个方面提出改革举措，通过制定修订经费管理相关规定、共同条令等主干制度，健全完善职责清单制度、军事需求条例等一系列配套制度，形成精准高效、全面规范、刚性约束的军事管理政策制度。

适应当前军队建设改革的实际，深入推进军事政策制度改革，首先需要抓好以下两个方面工作。

第一，完善军事人力资源政策制度。军事人力资源政策制度，是军事政策制度改革的重头戏。我军军事人力资源分类比较复杂，管理比较分散，导致人力资源使用效益不高。由于多方面原因，干部考评、选拔、任用、培训制度还不够健全，征兵难、军人退役安置难、伤病残人员移交地方难等问题依然存在。

完善军事人力资源政策制度，需要着眼于开发管理用好军事人力资源，推动人才发展体制改革和政策创新，坚持党管干部、党管人才的原则，立起打仗的鲜明导向，推进军官、士兵、文职人员等制度改革，完善人力资源分类，整合人力资源管理职能，加强军事人力资源集中统一管理，营造公平公正的制度环境，使军事人力资源配置达到最佳状态。

建立中国特色军官职业化制度，是完善军事人力资源政策制度的重要突破口。军官职业化的核心是专业化，要强化打仗能力导向，使能力、实绩等客观因素在选人用人中切实起主导作用。抓住军官服役、分类管理、任职资格、等级设置等关键性问题，系统调整改革一系列政策制度，构建科学规范、导向正确、前景透明的职业发展路径。建立军衔主导的等级制度，是军官职业化制度改革的基础。1988年实行新的军衔制时，中央军委明确先按职务等级晋升，将来再过渡到军衔主导晋升。把军衔作为反映军官能力的主要标尺，基于军衔构建军官管理制度体系。组织修订军官法、兵役法，研究制定士官条例、义务兵条例等。

建立统一的文职人员制度，是完善军事人力资源政策制度的重要环节。文职人员是现代军队的重要人力资源。增加文职人员，对压缩军队规模、提高军队质量很有好处。世界主要国家军队普遍重视使用文职人员，数量一般都在现役员额的一半以上。我军现有文职人员数量比较少，分类不够合理，相关制度也不是很成熟。这就需要从国情军情出发，建立统一的文职人员制度，扩大文职人员编配范围，逐步增加文职人员数量。这不仅有利于把官兵从大量军民通用、不直接参与一线作战行动的岗位上解脱出来，集中精力提高军事职业素养，优化军队人员构成，而且有利于推动军地人才融合发展，延揽社会优秀人才为军队建设服务，可谓一举多得。2017

年9月27日，国务院、中央军委公布实施新修订的《中国人民解放军文职人员条例》。主要有以下创新举措：一是将现有军队人员分为军官、士官、义务兵、文职人员四类；二是按照"老人老办法、新人新政策"，推进文职干部、文职人员、非现役公勤人员、职工制度向统一的文职人员制度并轨；三是建立与国家公务员和事业单位工作人员制度相衔接、具有比较优势的文职人员管理和保障制度机制；四是建立统一的文职人员制度，把一些军民通用、非直接参与作战的现役人员岗位改由文职人员担任，扩大文职人员编配范围。修订颁布新《条例》是推动军事人力资源制度创新发展的重大成果，对军队现代化建设和长远发展具有十分重要的意义。

[知识链接]

军队文职人员制度

2005年6月，国务院、中央军委颁布《中国人民解放军文职人员条例》，决定在军队实行文职人员制度，将部队部分保障岗位改由非现役人员担任，把有限的现役干部员额用于指挥作战岗位。党的十八届三中全会《关于全面深化改革若干重大问题的决定》提出，健全完善文职人员制度。党的十九大报告强调指出，要深化文职人员制度改革。2017年9月27日，国务院、中央军委公布实施新修订的《中国人民解放军文职人员条例》。

第二，推进一场以效能为核心的军事管理革命。军队能不能打仗、打胜仗，管理往往起着关键作用。世界新军事革命不仅是一场军事技术和军队组织体制的革命，也是一场军事管理革命。我军武器装备的现代化水平越来越高，部队组织结构和编成越来越复杂，军费投入也在不断增加，如何加强科学管理是一个亟待解决的问题。20世纪60年代美国国防部引入规划、计划与预算系统（PPBS）来制订战略规划，2003年又将其升级为规划、计划、预算与执行系统（PPBES），提高了战略规划效益和科学管理水平。我军应借鉴吸收外军有益的管理经验，加强现代管理知识学习，转变领导管理方式，积极探索具有我军特色的科学管理模式。

统筹调配军队建设重大资源。各部队的资源是全军的，需要统一调配使用。这就要求坚持需求牵引规划、规划主导资源配置，科学拟制军队建设发展中长期规划，发挥军事需求牵引作用，科学配置军队建设资源，把握好投向投量，确保国防资源向战斗力建设聚焦、向军事斗争准备急需用力、向保障官兵物质生活倾斜。

健全以精准为导向的管理体系。我军组织结构日益复杂，专业分工更加精细，军队建设必须贯彻精准原则。这就要求改进决策方式和程序，建立健全决策咨询制度，完善信息和智力支持系统，提高决策科学化水平。强化规划执行力，不打折扣、不搞变通地把各项规划任务落到实处。把过程控制摆在战略位置来抓，加强评估、督导和调控，确保各项决策部署落地生根。

[案　例]

现代联合作战的砺兵"磨刀石"

——陆军开展基地化实兵对抗训练的做法

位于内蒙古自治区锡林郭勒盟苏尼特右旗的陆军朱日和联合训练基地，是中国人民解放军最大的，也是现代化程度最高的联合训练基地。2010年以来，基地先后组织了"和平使命-2010"中外联合反恐演习、17场"跨越"系列演习和原北京军区17场"北剑"系列演习等重大军事活动。2017年7月30日，庆祝中国人民解放军建军90周年阅兵在朱日和训练基地举行。在开展基地化实兵对抗训练方面，主要有以下做法。

一是持续快速推进基地建设。近年来，各级首长机关高度重视基地建设，先后指导完成了一系列全军重大军事任务，创建了"朱日和"模式，打造了"朱日和"品牌。集中财力物力投向，先后承担复杂电磁环境试点建设、信息化训练条件建设等任务，打造世界一流的全军性、联合性、综合性大型演训平台。充分发挥院校与科研机构的理论、人才、技术优势和基地、部队的实践优势，探索了基地、部队、院校和科研机构"四位一体"的资源共享、联教联训联研路子。

二是创新实战化组训模式。基地不断探索实战化训练路子，不断创新演习组训模式，特别是连续组织"跨越"系列演习，破除了长期以来想解决却没有解决的红必胜蓝必败的思维定式、操场化程序化的和平积弊、重成绩轻反思的总结方式、避风险保安全的错误做法，真正拉开了敢于正视自身问题、以查找问题为训练导向的先河，开创了军事训练转型发展的标志性品牌。

三是建设过硬人才队伍。通过多种方式吸收、引进、培养和锻造人才，从作战部队选调具有管理和组训经验的骨干，充实到基地导调一线。组织年轻干部到部队代职锻炼、学习实践；积极创造条件支持优秀干部出国深造，提升学历层次；充分发挥院校协作机制作用，把专家请进来教，把人才送出去学。积极解决涉及官兵切身利益的实际问题，消除官兵后顾之忧。敢于给年轻干部交任务压担子挑大梁，让他们在大项任务中展现才干、提升素质。

四是推进专业模拟蓝军建设。把模拟蓝军作为联合作战实验场的重要组成部分，加强模拟作战对象思想、战术原则、行动特点和典型特征的研究攻关，科学设置训练内容，组织开展专项训练；依托基地场地设施优势，创新组训方法，探索作战指挥编组训练、基地体系融合训练和战场适应性训练路子，建设了全军第一支专业化模拟蓝军部队。2014年以来，模拟蓝军先后完成了"跨越""北剑"等30余场实兵对抗演习，初步走出了一套模拟对抗训练路子。

五是扎实推进信息化训练条件建设。构建基于信息化环境的模拟战场，按照实兵对抗和实弹检验两个部分设置，模拟各种防御阵地和机动检验环境，完善了城市作战训练区，基本满足部队全过程、多层次、多方案作战效能检验需要。引进战斗计划推演验证系统，为指挥员科学决策、精确指挥提供支持。建设战术推演训练场和通信（电子对抗）、工程兵、侦察（特种）兵、防化等兵种专业训练场；实现由主要服务训练向兼顾保障作战、由平时练兵向平战结合拓展训练转变，统筹战备、训练和后装保障等基础保障设施建设，提升综合服务保障能力。

1999年以来，基地圆满完成了近70万余人次实兵对抗演习，保障了140个团以上单位105万余人驻训，被誉为现代联合作战的砺兵"磨刀石"。主要有以下启示。

走出有我军特色的基地化训练路子。20世纪七八十年代以来，基地化训练逐渐成为世界主要军事强国着力推进的现代训练方式。美军现有各种训练基地上百处，每年可为美军轮训25万余人次。我军要进一步加大基地化训练力度，配置逼真的战场环境，装备先进的假想敌，配备先进的指挥信息系统及训练管理系统等，使受训部队得到逼近实战的高强度训练，使新的作战思想、新战法、新训法在这里诞生演练。

专业化模拟蓝军是关键。专职模拟蓝军对全军作战部队战斗力的"倍增器"作用，绝不是增加一个普通作战师旅可以相比的。实践证明，在大型训练基地部署建设专业化模拟蓝军部队，为演训部队提供形象神似的作战对手，是适应基地转型发展需要、提升实战化训练层次水平的必然选择和重要举措。

坚持资源共用成果共享。过去由于资源共享机制不够顺畅，演习得来的宝贵数据只是停留在谁演习谁使用，作用发挥还不够明显。新形势下，基地开展实兵对抗训练时既充分利用联合训练基地场地空间资源、组训力量资源、信息手段资源，使训练基地实现全方位使用，又充分挖掘训练基地"数据生产工厂"这个天然优势资源，使全军院校、部队、科研院所数据共享，打通数据生产使用的最后一公里，切实走开"四位一体"的循环发展路子，发挥出"涡轮增压"的作用。

本章小结

改革是当今时代的最强音，是贯穿我军建设发展的一条重要主线。党的十八大以来，我军着眼实现强国梦强军梦，紧紧扭住强军目标深化国防和军队改革，全面实施改革强军战略，着力解决体制性障碍、结构性矛盾、政策性问题，改革的力度、深度、广度是新中国成立以来没有过的。这些重大战略举措，极大地释放了我军的生机活力，把我军的改革思想和实践推进到一个新境界。

【思考题】

1. 如何理解和把握深化国防和军队改革的必要性和紧迫性？

2. 我军在重塑领导指挥体制方面取得了哪些重大成就？

3. 我军政策制度调整改革包括哪些内容？

第七章
全面实施科技兴军战略

科学技术是历史发展的杠杆，也是军事发展中最活跃、最具革命性的因素。国防科技发展是具有基础性、引领性的战略工程，事关国家前途命运和民族复兴前程。我军重视依靠科学技术推动国防和军队建设，树立了科技是核心战斗力的思想，全面实施科技兴军战略，为加快推进国防和军队现代化奠定了坚实的物质基础。

第一节　坚持向科技创新要战斗力

古往今来，科技进步深刻改变着人类生产生活方式，也深刻影响着世界军事发展走向，全方位根本性地推动着军事发展进程。军事领域是对抗异常激烈的领域，对科学技术的需求更为强烈。每次重大科学技术出现后，往往最先用于军事领域，引发军队武器装备、作战方式、组织形式、人员素质等战斗力要素的改变，并孕育着新的战争形态的可能。纵观世界军事发展史，青铜冶炼、铁器铸造等科技支撑了冷兵器时代的战争，火药、火器制造等科技支撑了热兵器时代的战争，内燃机、电力等科技支撑了机械化时代的战争，计算机、通信等科技支撑了信息化时代的战争。

近代以来，我国军事上逐渐落后，面对西方列强的侵略被动挨打，一个重要原因就是错失了多次科技革命和产业革命带来的发展机遇。从抗日战争到抗美援朝战争，我军用先进的战略战术相继战胜了日本侵略者、国民党军队和不可一世的美军，但科技实力的不足、武器装备的落后，也让我们付出了重大的代价。血的教训警醒我们，科学技术这一仗，一定要打，而且必须打好。新中国成立后，我们党始终把国防科技发展放在战略位置上来抓，发挥社会主义集中力量办大事的政治优势，取得了以"两弹一星"为代表的一大批国防尖端科技成果，成为少数独立掌握核技术和空间技术的国家之一，奠定了我们的大国地位。

20 世纪 80 年代，我们党提出科学技术是第一生产力，成功实施"863 计划"，使我国在世界高技术领域占有了一席之地。进入90 年代，科技强军战略的实施和推进，为战略高新技术创新发展奠定了基础，满足了军事斗争准备急需，加快了国防和军队现代化进程。

当前，全球科技创新空前活跃，军事强国都把夺取科技优势作为谋求军事优势的战略举措，试图在新一轮科技创新中拔得头筹。我军在高新技术方面同世界军事强国相比仍有较大差距，创新能力不足成为制约我军建设发展和战斗力提升的突出矛盾。要突破军事技术发展的瓶颈、形成现代化的战斗力生成模式，离不开科技创新。只有下更大气力推动科技兴军，依靠科技进步和创新，才能加快我军建设由数量规模型向质量效能型、由人力密集型向科技密集型转变。只有把国防科技创新摆在更加突出的位置，与时俱进、全力以赴加快推进，才能缩小差距、实现跨越，努力实现由跟跑并跑向并跑领跑转变。

国防科技创新，实质上是国家创新体系的比拼。随着科学技术快速发展，国家战略竞争力、社会生产力、军队战斗力的耦合关联越来越紧，国防经济和社会经济、军用技术和民用技术的融合度越来越深，两个体系相互兼容发展，彼此提供强劲动力和持续后劲的可能性极大上升。这些年，随着我国建设创新型国家进程加快，科技创新水平正在加速向世界科技创新第一方阵迈进，一些前沿技术领域开始进入并跑甚至领跑阶段，这为国防科技创新提供了坚实基础。

空军航空兵组织多机型大机群空中加油训练　　　　　　（解放军画报社提供）

习主席准确把握国防科技创新面临的挑战和机遇，明确提出科技是核心战斗力的重要思想，强调抓创新首先要抓住科技创新这个牛鼻子，作出了全面实施科技兴军战略的重大决策，要求依靠科技进步和创新把我军建设模式和战斗力生成模式转到创新驱动发展的轨道上来。2016 年 1 月中央军委科学技术委员会组建成立，2017 年 7 月中央军委军事科学研究指导委员会诞生，至此我国国防和军队科技创新有了全新的顶层架构。这些重大举措开启了我军科技兴军的新征程，我军武器装备技术创新迈上新台阶，重大科技工程实施取得新进展，国防科技基础创新实现新突破，国防科技创新体系逐步优化，军民科技协同创新能力显著提升。

第二节　推进国防科技创新跨越式发展

推进国防科技创新，要全面贯彻习近平强军思想，深入实施创新驱动发展战略、军民融合发展战略，全面实施科技兴军战略，加快构建国防科技创新体系，加快推进重大技术创新、自主创新，加快实施由跟跑并跑向并跑领跑转变，为实现党在新时代的强军目标、把人民军队全面建成世界一流军队提供强大科技支撑。

一、坚持能打仗、打胜仗这个出发点和落脚点

加快推进国防科技创新，要坚持用战斗力标准来检验，把战斗力这个唯一的根本的标准立起来。当前，大国军事博弈很大程

度上体现为技术上的颠覆和反颠覆、突袭和反突袭、抵消和反抵消。美国一直谋求以技术优势来抵消对手战略优势，正在抓紧实施"第三次抵消战略"。俄罗斯把有限的科技资源投入到战略高价值、技术前沿性、极具实用性的领域。我们推进国防科技创新，必须牢固确立"为战"的思想，瞄准制衡强敌，坚持非对称思想，坚持有所为有所不为，打造更多使敌人害怕的"杀手锏"技术和装备，形成强大的战略能力和非对称制衡能力，形成独特的优势和胜算。

二、坚持自主创新这个战略基点

自力更生是中华民族自立于世界民族之林的奋斗基点，自主创新是我们攀登世界科技高峰的必由之路。国防科技创新具有很强的对抗性，依靠别人、依附于人，必然受制于人。真正的核心关键技术是花钱买不来的，靠进口武器装备是靠不住的，走引进仿制的路子是走不远的。1982年的英阿马岛战争中，阿根廷的"飞鱼"导弹进口自法国，打一枚少一枚，严重制约了作战行动，教训十分深刻。我们这样一个大国、这样一支军队，走强军之路没有别的选择，只能坚持自主创新，把发展命脉牢牢掌握在自己手中，不断提高国防科技自主创新能力。要按照主动跟进、精心选择、有所为有所不为的方针，提高对新兴技术的认知力，加强独创性设计，发展独有的"杀手锏"，确保不被敌实施技术突袭。同时，对于西方发达国家宣传炒作的一些所谓的新技术新概念，要注意甄别，增强认知力、鉴别力，防止被人牵着鼻子走，陷入被动局面。

三、坚持把握正确的创新原则和策略

突出超前谋划。要下好先手棋，打好主动仗。"聪者听于无声，明者见于未形。"国际竞争历来就是时间和速度的赛跑，如果只是跟在别人后面追赶，不能搞出别人没有的"一招鲜"，最终还是要受制于人。要选准突破口，把国防科技和武器装备建设的薄弱环节作为推进自主创新的主攻方向，加强预先研究和探索，努力在前瞻性、战略性领域占有一席之地，防止同世界军事强国形成新的技术鸿沟。

突出战略重点。要把更多人力物力财力投向核心技术研发，集合精锐力量，作出战略性安排，在为国防科技和武器装备持续发展留足后劲的同时，集中力量攻关，以重点突破带动整体国防科技实力的跃升，最终推动军队战斗力的整体提升。

突出基础研究。基础研究是整个科学体系的源头，是所有技术问题的总机关，是武器装备发展的原动力。当前，基础研究和应用开发关联度日益增强，基础研究不厚实，自主创新就是一句空话。要加大国防基础研究投入，找准瓶颈短板背后的基础问题，统筹部署基础性、战略性、前瞻性重大科技项目，充分发挥军民科技优势合力，强化制约我军武器装备长远发展的共性基础技术研究，实现基础研究、应用研究开发、产品设计制造的紧密结合，为加快国防科技创新发展积累后劲。

四、坚持扭住战略前沿技术这个制高点

战略前沿技术是物化新装备、形成新能力的"孵化器"。要围

绕国家亟须突破的关键核心技术，突出前沿技术，把拳头捏紧，坚持不懈地做下去。敏锐洞察新技术发展趋势及其军事应用前景，主动发现、培育、运用可服务国防和军队建设的前沿尖端技术，捕捉军事能力发展的潜在增长点，积极探索发展颠覆性技术，谋求独有的克敌制胜"杀手锏"。在持续推进传统领域科技发展的同时，向海洋、太空、网络等新兴领域全方位拓展，把大数据、云计算、无人技术、生物技术、人工智能等前沿技术作为发展重点和赢得未来军事竞争的主要抓手。加大科技创新投入，推动机械化、信息化、智能化融合发展，同时开辟独创独有、引领发展的科技创新方向，加强前瞻性、先导性、探索性、颠覆性技术研究，奋力抢占军事竞争战略制高点。

[知识链接]

蜂群作战

蜂群作战作为一种特殊的无人作战样式，通常由一群自动联网的小型无人系统组成，实施集群协同作战，可以完成情报、监视与侦察（ISR）、电子对抗，甚至精确打击等任务。组成蜂群的无人系统可以是无人机、无人车辆、无人水面艇、无人潜航器等。2017年1月7日，美国《60分钟时事》网络直播了美军最新空射无人机蜂群作战演示，三架美海军F/A-18F"超级大黄蜂"战斗机从加州海军"中国湖"靶场上通过胶囊投放了

104架微型无人机，它们能够互相发现队友并形成"蜂群"队形，朝着任务目标扑去。目前，美国国防部战略能力办公室（SCO）、国防高级研究计划局（DARPA），以及空军、海军等相关机构，围绕蜂群作战开展了大量的演示验证项目。

五、坚持抓好科技创新的管理工作

建好创新团队。随着科学技术不断发展，多学科专业交叉群集、多领域技术融合集成的特征日益凸显，靠单打独斗很难有大的作为，必须紧紧依靠团队力量集智攻关。要加强自主创新团队建设，搞好科研力量和资源整合，最大限度发挥各方面优势。把军队创新纳入国家创新体系，大力开展军民协同创新，形成推进科技创新整体合力。

抓好创新成果转化。国防科技创新的目的在于应用，但目前我军不少创新成果转化效果还不够理想。必须以为部队建设和军事斗争准备服务的总目标为牵引，抓紧搞好创新性、突破性成果转化运用，使科技创新同部队建设发展接好轨、对好焦，更好为战斗力建设服务。

健全完善创新管理机制。当前，国防科技创新还不同程度存在项目审批周期长、管理层级多等问题。要以改革创新的思路和办法，从体制机制上找到突破口，有效解决这些问题。

第三节　构建信息化武器装备体系

　　武器装备是军队现代化的重要标志，是军事斗争准备的重要基础，是国家安全和民族复兴的重要支撑，是国际战略博弈的重要砝码。在战争制胜问题上，人是决定因素，但随着军事技术不断发展，武器因素的重要性在上升。

　　21世纪以来，我军紧紧围绕建设信息化军队、打赢信息化战争的战略目标，大力推动武器装备建设的自主式发展、跨越式发展、可持续发展，走出了一条有中国特色的武器装备现代化建设之路，加速建成以第四代装备为骨干、第三代装备为主体的武器装备体系。陆军加快发展陆军航空兵部队、轻型机械化部队、信息对抗

南海战略打击群海上阅兵　　　　　　　　　　　　（解放军画报社提供）

部队和特种作战部队，装备 96 式、99 式、15 式主战坦克，04 式、08 式步兵战车，05 式、07 式自行加榴炮，03 式远程多管火箭炮，武直-10、武直-19 武装直升机。海军注重提高近海防御、远海防卫综合作战力量现代化水平，装备 093A 型核潜艇、039 型常规潜艇，052D 型驱逐舰、054A 型护卫舰、056 型轻型护卫舰，"飞豹"歼击轰炸机、歼-15 舰载战斗机等。辽宁号航空母舰初步形成体系作战能力，国产航空母舰、大型驱逐舰等装备研制建造进展顺利。空军着力加强以空中打击、防空反导、战略投送为重点的作战力量体系建设，装备有空警系列预警机，歼-10、歼-11、歼-16、歼-20 型战斗机，"红旗"系列地空导弹，运-8、运-9、运-20 型运输机。火箭军加快信息化转型，装备"东风"系列弹道导弹等新型武器装备，形成了核常一体、射程衔接的地地导弹装备体系。

当前，世界新军事革命加速发展，国际军事竞争格局正在发生历史性变化。美国是这场军事革命的领头羊，在很多方面已占据先机和主动，还在谋求新的军事技术优势，俄罗斯等其他一些大国也在努力抢占军事技术领域制高点。面对新形势新任务，我军武器装备建设战略指导必须应时而变、顺势而为，以军事斗争准备为龙头，坚持信息主导、体系建设，坚持自主创新、持续发展，坚持统筹兼顾、突出重点，加快构建适应信息化战争和履行使命要求的武器装备体系，为实现中国梦强军梦提供强大武器技术支撑。

坚持作战需求的根本牵引。设计武器装备就是设计未来战争，必须瞄着明天的战争来发展，做到未来打什么仗就发展什么武器装备。准确提出作战需求是一个系统工程，涉及作战部门、装备部队等各个方面，需要有一套严密的作战需求生成机制。要把未来战争

飞行员驾驶歼-16战机掠过祖国的壮丽山河　　　　（解放军画报社提供）

研究透，创新作战理论，深化作战统筹，系统描述所需能力、体系、装备，使作战需求科学、权威、管用。要将作战需求牵引与技术驱动有机结合起来。前些年，美军先后中止了"科曼奇"直升机、陆军"未来作战系统"等一些项目，主要是考虑了作战需求变化和技术实现可能。我们在论证武器装备发展时，也需要综合考虑作战需求和技术风险、经济风险、进度风险等各方面因素，增强武器装备发展的科学性、针对性、前瞻性，尽量避免走弯路。

坚持体系建设思想。信息化战争拼的就是体系。每型武器装备要不要发展、发展多少，都要以对作战体系的贡献率为评价标准，纳入武器装备体系大盘子考虑。单个武器再先进，如果融入不了体系，不符合体系建设要求，经过科学评估后，该叫停的要坚决叫停，该改进的要坚决改进，该淘汰的要坚决淘汰。要统筹各军兵种武器装备发展，统筹进攻型武器装备和防御型武器装备发展，统筹主战装备、信息系统、保障装备发展，加强标准化、系列化、通用化建设，不断完善和优化武器装备体系结构。同时，要坚持重点突破，在填补体系空白、补齐短板弱项上下功夫。坚持用网络信息体系的理念来理解作战体系、塑造装备体系，既要强化统一筹划和顶层设计，又要尽快把能做的、必做的干起来。

坚持实战化运用。武器装备只有经常在贴近实战环境中使用，才知道到底好不好用、管不管用。这是武器装备发展链条的一个重要环节。我军武器装备实战化运用不够，其中思想观念、制度规定滞后是一个重要因素。要转变部队武器装备保障理念，教育引导官兵大胆操作和使用武器装备，加强体系化、常态化运用，在复杂战场环境和高强度对抗条件下摔打武器装备，真正让武器装备活起来、动起来。加强武器装备实战化运用，对提高研制水平具有重要反向带动作用。研制工作需要同实战化运用对接起来，及时发现和解决运用中暴露出的问题，举一反三，以用促改，提高新装备研制起点，实现研制和运用有机统一。

坚持质量至上。"用兵之日，一器不精，即戕一卒之命。"武器装备出了质量问题是要付出血的代价的，是要打败仗的。武器装备质量建设有其自身规律，研制过程中关键技术不见底、试验验证不到位、问题暴露不充分，质量必然难以保证。因此，宁可交得慢一点、少一点，也要确保质量合格，绝不能把问题交给部队、带上战场，更不能把武器装备搞成绣花枕头、豆腐渣工程。要健全责任体系，建立质量责任终身追究制度，确保责任落实到个人，确保出了问题能够追究到人。着力构建先进实用的试验鉴定体系，摸清武器装备性能底数，确保武器装备实战适用性。

第四节　加快推进军事理论创新

　　科学的军事理论就是战斗力。一支强大的军队必须要有科学的理论作指导，如果不能在军事理论创新上先人一步、高人一筹，就难以在军事竞争中占得先机、赢得主动。我军建设面临着大量新情况新问题，都需要从理论上作出回答。信息化战争制胜机理是什么？如何筹划实施一体化联合作战？如何构建中国特色现代军事力量体系？如何提高军事管理科学化水平？如何增强政治工作的时代感和实效性？等等。要准确回答这些问题，创新发展军事理论、全面推进我军军事理论现代化刻不容缓。

　　观念是行动的先导，新的战争实践要求我们转变观念，思考建设与作战面临的新情况新问题。要与时代发展相适应，突破机械化战争的思维定式，确立与信息化战争相适应的思想观念；突破单纯守疆卫土的思维定式，确立与履行新时代我军使命任务相适应的思想观念；突破单一军种作战的思维定式，确立与诸军兵种一体化联合作战相适应的思想观念；突破高度集中的计划经济体制和封闭半封闭条件下建军的思维定式，确立与改革开放和发展社会主义市场经济条件下建军相适应的思想观念；突破习惯于按陈旧模式和过时做法办事的思维定式，确立与军队现代领导管理要求相适应的思想观念。努力使思想观念适应世界军事发展的新趋势、适应国防和军队现代化建设的新要求。

　　紧紧扭住战争和作战问题推进军事理论创新。军事科学是战争的科学，战争和作战研究在军事理论创新中居于核心地位。军事科学要有一个大的发展，战争和作战理论首先要有一个大的发展，当务之急是加紧构建具有我军特色、符合现代战争规律的先进作战理论体系。一是坚持着眼全局，发挥军事战略创新的统揽功能。军事战略科学准确，就是最大的胜算。要坚持从政治高度、全球视野思考战争问题，集中回答当前和今后一个时期我国面临的战争威胁、主要战略方向、主要作战对象等重大问题，为新时代军事力量建设和运用提供战略遵循。二是坚持重点突破，发挥作战概念创新的引领作用。冷战期间，美军"空地一体战"、苏军"大纵深作战"概念催生出一整套作战理论。美军甚至提出"一种理论指导一场战争、一场战争淘汰一种理论"，不断推出"网络中心战""空海一体战""多域战"等新作战概念。俄军兵不血刃收回克里米亚则完美诠释了"混合战争"的理论价值。当前，应着眼人工智能、量子信息、大数据、物联网、定向能、生物技术等先进科技的军事应用，依据我军主要作战对手、作战手段、作战空间、作战任务，开发创新核心作战概念，探索形成关于智能化条件下的战争环境、战争构想、作战样式的科学认识。三是坚持体系设计，发挥理论集成创新的整体效应。要立足我军建设发展实际，把握战争形态和作战样式演变，协调推进作战原则、作战样式、作战力量运用、作战方法、作战指挥、综合保障、战时政治工作以及非战争军事行动等各方面理论创新，形成"概念突破、理论发展、体系演进"的持续创新态势。

打通从实践到理论再从理论到实践的闭环回路。理论创新要坚持实事求是原则，坚持扎根于实践，并不断接受客观实践的检验。一般理论如此，强调竞争性与对抗性的军事理论更是如此。仅源于书本、没有与实践相结合、更没有得到实践充分验证的军事理论，通常很难具有生命力。毛泽东军事思想的基本原则直到今天仍充满了生命力，一个根本原因就在于这一理论是实践的产物，得到了实践的充分检验。当前，我军军事理论研究还存在一些同决策和部队脱节的问题，根子上还是没有坚持理论与实践结合。要有效解决这些问题，必须坚持理论联系实际，既要研究我军长期形成的理论成果，也要借鉴外军理论成果，并坚持实践—理论—实践的创新路径。

建设高水平的军事科研机构。有效推进军事理论创新，必须有一支高水平的军事科研队伍，当好推动军事理论创新的主力军。军事理论创新要围绕党中央和中央军委决策需求，聚焦国家安全、国防和军队建设、军事斗争准备重大问题，开展前瞻性、针对性、储备性政策研究，提出实在管用的对策建议。适应军事科研工作新体制新要求，坚持军事理论和军事科技紧密结合，创新军事科研工作组织模式，推动开展协同创新，发展现代军事科学。营造理论创新的环境和氛围，创新军事理论研究人才培养、保留、使用的体制机制和政策制度，最大限度地释放创新潜力，激发创新活力。

本章小结

科学技术不仅是社会发展的驱动力，更是国防和军队现代化的主引擎。科学技术这一仗，一定要打，而且必须打好。我们党准确把握国防科技创新面临的历史性机遇与挑战，坚持科技是核心战斗力，抓住科技创新这个牛鼻子，全面实施科技兴军战略。我军大力推进科技创新，有序推进武器装备和军事理论现代化，为全面推进国防和军队现代化奠定坚实基础。

【思考题】

1. 为什么要坚持向科技创新要战斗力？

2. 怎样推进国防科技创新跨越式发展？

3. 如何适应新的战争实践推进军事理论创新？

第八章
提高国防和军队建设法治化水平

　　"国无常强，无常弱。奉法者强则国强，奉法者弱则国弱。"法治是一个国家文明进步的重要标志，也是一支现代军队的鲜明特征。国家治理体系和治理能力的现代化，战争形态的加速转变和社会环境的深刻变化，要求国防和军队建设必须走法治化道路，深入推进依法治军、从严治军，不断提高国防和军队建设法治化水平。

第一节　一支现代化的军队必然是法治军队

　　我军是唱着"三大纪律八项注意"走向胜利的，是秉持"一靠理想二靠纪律"走向正规化的，是在坚持依法治军、从严治军中发展进步的。我们党在领导革命、建设和改革的各个历史时期，始终高度重视用严格的法规、严明的纪律建军治军，积累和创造了许多宝贵经验。

1928 年春，毛泽东同志在湖南桂东县沙田村郑重宣布"三大纪律六项注意"，成为我军"第一军规"。革命战争年代，我军颁布了一些法规条令，但更加强调官兵自觉的纪律。1948 年秋天辽西战役的时候，老百姓家里有很多苹果，而我军官兵一个都不去拿。大家自觉地认为，不吃是很高尚的，而吃了是很卑鄙的，因为这是人民的苹果，我军的纪律就建筑在这个自觉性上边。1949 年解放上海时，广大官兵严格遵守《入城守则》露宿街头，没有发生一起私入民房的事件。

新中国成立初期，我军以实行统一的指挥、统一的制度、统一的编制、统一的纪律、统一的训练和加强组织性、计划性、准确性、纪律性为内容，开始系统的正规化建设。颁布内务条令、队列条令、纪律条令、政治工作条例以及各军兵种战斗条令，实行义务兵役制、薪金制和军衔制，加强管理和教育，军队正规化水平大大提高。"文化大革命"的十年间，一大批行之有效的法规制度被批判和否定，军队法制建设遭到严重冲击。

改革开放后，军队法制建设拨乱反正，步入恢复和发展的新阶段。我们党高度重视加强军队法制建设，要求军队建设各个方面有法可依、有章可循。1978 年 12 月至 1989 年 11 月，军委共制定 200 多件军事法规及法规性文件。进入 20 世纪 90 年代，我军确立依法治军的建军方略，把国防和军队建设纳入法治轨道。从 1989 年至 1999 年，全军制定和颁布了 12 件军事法律、124 件军事法规和 2000 余件军事规章，初步建立起与国家法律制度相适应，基本满足国防和军队现代化建设需要的具有中国特色的军事法规体系。新世纪新阶段，我军把依法治军、从严治军作为全局性基础性长期性工作紧抓不放。"十一五"期间，共制定国防和军事方面的法律

3 件，军事行政法规、军事法规 71 件，军事规章（含规范性文件）1000 余件。

军队越是现代化，越是信息化，越是要法治化。在信息网络时代，战争过程日益科学化，军队建设、管理和作战行动更加强调标准化、规范化、精细化。这就要对军队各方面进行严格规范，建立一整套符合现代军事发展规律、体现我军特色的科学的组织模式、制度安排和运作方式，推动军队正规化建设向更高水平发展。

习主席鲜明提出依法治军、从严治军是强军之基，是我们党建军治军的基本方略，强调紧紧围绕党在新时代的强军目标，强化全军法治信仰和法治思维，构建完善中国特色军事法治体系，努力实

依法治军、从严治军是强军之基　　　　　　　　（解放军画报社提供）

现治军方式"三个根本性转变"，提高国防和军队建设法治化水平。2015 年 2 月，中央军委印发《关于新形势下深入推进依法治军从严治军的决定》，深刻阐明了依法治军从严治军一系列重大理论和实践问题，明确提出深入推进依法治军从严治军必须坚持党对军队绝对领导，坚持战斗力标准，坚持官兵主体地位，坚持依法和从严相统一，坚持法治建设和思想政治建设相结合。在习主席和中央军委领导下，我军依法治军的理念与实践进入崭新阶段。

[知识链接]

《关于新形势下深入推进依法治军从严治军的决定》

2015 年 2 月，中央军委印发《关于新形势下深入推进依法治军从严治军的决定》（以下简称《决定》），这是我军历史上第一个关于加强军事法治建设的专门决定。《决定》对深入贯彻党的十八届四中全会精神和习主席依法治军从严治军重要论述、加强军队法治建设作出全面部署，要求全军用党在新形势下的强军目标引领军事

《中国人民解放军
内务条令（试行）》

《中国人民解放军
纪律条令（试行）》

《中国人民解放军
队列条令（试行）》

法治建设，强化法治信仰和法治思维，按照法治要求转变治军方式，形成党委依法决策、机关依法指导、部队依法行动、官兵依法履职的良好局面。

第二节　构建完善中国特色军事法治体系

深入推进依法治军、从严治军，必须构建完善的中国特色军事法治体系，形成系统完备、严密高效的军事法规制度体系、军事法治实施体系、军事法治监督体系、军事法治保障体系。

一、军事法规制度体系

军事法规制度是军队建设的基本依据，是官兵行为的基本准则，是依法治军从严治军的重要前提和基础。全军努力构建符合法治要求的领导指挥体制，严格规范军事法规制度的制定权限和程序，将所有军事规范性文件纳入审查范围，完善审查制度。坚持用党在新时代的强军目标审视和引领军事立法，提高军事法规制度的针对性、系统性、操作性，通过完善法规制度体系，为确保党对军队绝对领导提供坚强法治保障。

同国家法律体系建设进程相协调，同我军建设改革和军事斗争准备实践相适应，抓紧制定完善关于军事斗争、信息化建设、军民融合、非战争军事行动以及军人法律地位和权益保障等方面的法规制度。作战条令是规范军队作战行动的法规，是部队打仗和训练的主要依据，全军以联合作战指挥体制改革为契机，抓紧推进新一代联合作战条令制定工作。军队监察、纪律检查、预防犯罪、审计、科学管理等方面的法规制度也不断健全完善。

科学完善的军事法规制定体制机制，是提高军事法规制度质量的重要保证。全军加强立法顶层设计，完善立法机制，规范立法权限，立法质量大大提升。2017 年 5 月 8 日，由习主席亲自签署命令发布的《军事立法工作条例》正式施行，对于规范军事立法工作，保证军事立法质量，完善军事法规制度体系，具有重要的意义。

二、军事法治实施体系

法律的生命力在于实施，权威性也在于实施。全军抓紧理顺科学体制，明确执法责任，完善执法制度，严格责任追究，保证军事法规制度切实得到有效贯彻执行。

党委首长依法决策。完善党委和首长议事决策程序，细化决策的流程、标准和责任，从制度上防止"拍脑袋"决策、个人说了算甚至集体违规决策。注重发挥军事法律顾问的职能作用，党委进行重大决策、组织重大行动必须进行法律咨询。努力强化党委书记、副书记依法决策第一责任人的意识和能力，使领导干部带头转变观念、践行法治。

机关部门依法指导。积极建立健全军队组织类法规制度，明确各级领导机关职能权限，把依法指导作为基本工作方式，把抓法规制度执行作为各级机关的重要职责，保证机关部门按照法定的权限和程序开展工作。

部队依法行动。不断完善部队执行任务的法规制度，建立健全军事行动法律保障机制，提高官兵特别是指挥员的军事行动法律运用能力，确保军事行动师出有名、行动有据。这些年，参加重大演训活动的部队，严格按照军事训练条例和战斗条令组织实施；赴海外执行护航、训练任务的海军舰艇编队，严格遵守《联合国海洋法公约》等国际条约和中国有关法律法规。

官兵严格守法。全军进一步细化完善官兵行为规范，对官兵的一日生活、履行职责、相互交往等都作出明确具体的规定，并严格抓好贯彻执行，确保官兵一言一行、一举一动都符合法规制度规范。广大官兵自觉在法规制度内行动，保持了人民军队的良好形象。

三、军事法治监督体系

有权必有责，用权受监督。严密的法治监督，是军事法规制度有效执行的重要保证。

强化党内监督。坚持从严治党方针，健全完善党内监督的各项制度规定，强化各级党组织对党员、领导干部以及下级党组织落实法规制度情况的监督职能，严格党内生活，充分发挥决策监督、民主生活会、述职述廉等制度的作用，加强对党员干部、班子成员特别是书记、副书记的监督，着力解决一些单位党性不强、执纪不严等问题。2018年1月，中央军委印发《中央军委巡视工作条例》，明确由开展巡视巡察工作的党组织承担主体责任，这是加强军队党内监督的重大举措。

强化层级监督。着力健全完善上级对下级监督的职责、内容和程序规定，强化各级监督责任，完善情况报告、检查督导、明察暗访、通报讲评等制度，坚持一级抓一级，层层抓落实，着重解决贯彻执行法规制度不到位、不经常、不严格等问题。

强化专门监督。全军不断优化完善法制、司法、纪检、监察、巡视、审计等法治监督部门体制，完善执法检查、案件督查、纪检巡视、行政监察、经济责任审计等监督制度，进一步发挥专门监督部门的职能作用，加强协调配合形成监督合力，有效解决贯彻执行法规制度不严格、不作为、乱作为等问题。

强化群众监督。努力健全官兵有序监督的制度机制，拓宽群众监督渠道，完善基层事务公开制度，注重发挥军人委员会、军人大会等组织和制度的作用，健全意见征询、检举控告、申诉信访、领导接待等制度，充分发挥官兵在监督法规制度执行中的主体作用。全军面向官兵开设监督举报专用电话、手机和信箱，建立健全群众监督情况反馈、举报人保护、处理结果通报等制度，建立"一案双查"制度，切实纠治发生在官兵身边的不正之风。

强化社会监督。全军健全完善社会舆论监督的制度规定，在征兵、军校招生、人员招聘、学生军训和工程、物资、服务采购以及空余房地产租赁转让等方面，扩大和规范公众知情的范围和方式，建立健全有关信息公开、意见反映机制，重视和运用好社会舆论监督的作用，重点解决影响军队形象的违法违纪问题。

四、军事法治保障体系

创新发展军事法治理论。全军着眼构建完善中国特色军事法治理论体系，制定实施军事法治理论研究工程，有计划、分步骤地研究依法治军从严治军重大理论和实践问题，推出一批具有原创性的重大理论成果。加大国际交流和法理斗争力度，站在世界军事法治理论发展的前沿，努力掌握国际军事规则制定的话语权。

造就高素质军事法律人才队伍。着力加强顶层谋划，科学设定军事法律人才队伍建设的目标要求、人才规模、素质标准、类型结构、方法举措等。完善军事法律人才培养机制，健全军事法律教育和研究机构，走开依托国民教育培育军事法律人才路子，探索建立选派优秀军事法律人才到国外交流进修机制，培养一批既具有战略素质和世界眼光，又精通国际法、擅长国际军事规则制定的高端军事法律人才。

大力发展先进军事法治文化。全军注重发挥文化潜移默化的功效，以文化氛围促进军事法治建设，让法治文化融入官兵血脉，让法治意识贯穿军队建设全程，成为一种思维方式、生活方式、工作方式和治理方式，努力形成良好的法治氛围。

第三节　推动治军方式根本性转变

长期以来，由于战争年代的特殊需要和"人治"观念的影响，加上军队管理的特殊性，运用行政命令和政策治理军队成为主要手段，"重人治、轻法治"的现象在一些部队中不同程度地存在。

习主席反复强调，要强化法治保障，善于运用法治思维和法治方式推动军队各项工作，充分发挥法律法规的规范、引导、保障作用，提高法治化水平。依法治军、从严治军，就要求我们的治军方式来一场深刻变革，实现"三个根本性转变"，即从单纯依靠行政命令的做法向依法行政的根本性转变，从单纯靠习惯和经验开展工作的方式向依靠法规和制度开展工作的根本性转变，从突击式、运动式抓工作的方式向按条令条例办事的根本性转变，在全军形成党委依法决策、机关依法指导、部队依法行动、官兵依法履职的良好局面。

法律必须被遵守，法治必须被信仰，否则就形同虚设了。依法治军、从严治军，首先要让法治精神、法治理念深入人心，使官兵信仰法治、坚守法治。全军普遍开展法律知识教学，把法律知识学习纳入军队院校教育体系，列为学员必修课。加强军事法学学科建设，制定法律知识教学与考核大纲，全军院校普遍建立军事法学教研机构，加强军事法学教研队伍建设，建立军地院校法学教学协作机制。广泛开展法治军营创建活动，制定旅、团级单位开展法治军营创建活动意见，各级把创建法治军营活动纳入部队全面建设，统一部署落实。基层单位广泛开展群众性尊法学法守法用法活动，引导广大官兵把法治内化为政治信念和道德修养，外化为行为准则和自觉行动。

改革和法治如鸟之双翼、车之两轮，改革要充分发挥法治的引导、推动、规范、保障作用，确保改革在法治轨道上推进。中央军委发布的《关于深化国防和军队改革的意见》，突出强化法治对国防和军队改革的规范和指导作用，首次提出坚持法治思维和完善军事法治体系的基本原则和重要任务，并提出了健全军事法治体系的一系列重大改革任务。一是坚持重大改革依法决策。建立健全科学规范、行之有效的改革决策机制、专家咨询机制和官兵有序参与机制，确保重大改革决策符合法定权限、程序、方法和要求。二是坚持改革与立法衔接协调。同步考虑改革涉及的立法问题，健全改革与法制工作机构间的协调配合机制，建立重大改革项目配套立法论证制度。改革项目需要制定或修改法规制度的，先立法后改革；对不适应改革要求的法规制度，及时修改或废止；

重大改革举措需要先行先试的，依照法定程序先授权再推进；对改革形成的新成果新经验，及时立法加以确定和巩固。三是坚持以法的强制力保障改革任务的圆满完成。严肃改革纪律，严格按照法规制度组织实施人员调整分流、物资装备处理、经费使用管理、房地产处置等工作。建立改革督察机制，严格责任追究，对落实改革任务不力、干扰改革、阻碍改革以及在改革中违法违纪的，一律严肃处理。

着眼于深入推进依法治军、从严治军，抓住治权这个关键，构建严密的权力运行制约和监督体系。组建新的军委纪委，由军委直接领导；向军委机关部门和战区分别派驻纪检组，发挥纪检、巡视监督作用，推动纪委双重领导体制落到实处。2013 年 12 月至 2017 年 8 月，军委巡视组共开展 13 个批次巡视，穿插安排 4 个批次"回头看"，实现对原四总部改革后的中央军委机关部门回访巡视全覆盖；安排 3 个批次专项机动式巡视，实施对改革的跟进监督。组建新的军委政法委，加强军委对政法工作的领导。解放军军事法院、解放军军事检察院由军委政法委领导管理，调整军事司法体制，按区域设置军事法院、军事检察院，保证依法独立公正行使职权。

"木受绳则直，金就砺则利。"作风建设由治标向治本转变也要靠法治，善于运用法治手段纠风肃纪，以刚性的制度规定和严格的制度执行实现作风建设规范化、常态化、长效化。近年来，《严格军队党员领导干部纪律约束的若干规定》《关于加强军队基层风气建设的意见》《军队实行党风廉政建设责任制的规定》《厉行节约严格经费管理的规定》等法规制度配套出台，各项铁规发力生威，作风建设成果不断固化。

第四节　着力推进全面从严治军

　　从严治军是建设强大军队的铁律。稀稀拉拉，松松垮垮，就不成其为军队，就打不了仗，更不可能打胜仗。清朝的八旗军曾是一支战斗力强悍的军队，但入关后由于管理松懈、风气败坏、训练废弛，大批官兵整日游荡赌博、玩物丧志，熟习弓马者越来越少，不到一百年就完全丧失了战斗力。从严治军是人民军队的鲜明特色。1937年毛泽东同志曾针对黄克功案件指出，共产党与红军，对于自己的党员与红军成员不能不执行比一般平民更加严肃的纪律。在长期的革命和建设时期，我军始终坚

苦练打仗硬功　　　　　　　　　　　　　　　　（解放军画报社提供）

持和发扬这一优良传统，为人民军队从胜利走向胜利奠定了坚实的法纪基础。

习主席鲜明指出，军无法不立，法无严不威。要求全军坚持依法治军、从严治军方针，坚持严字当头，坚决维护法规制度权威性，克服管理松懈、作风松散、纪律松弛现象，始终保持部队正规的战备、训练、工作和生活秩序。我军下大气力整肃军纪，严格按照条令条例指导和开展工作，加大条令执行力度，健全警备纠察法规机制，查处和纠正违纪现象，旗帜鲜明反对腐败、反对特权，始终保持了人民军队的优良作风和良好形象。

"徒法不足以自行。"法律的生命力在于实施，权威性也在于实施。法规制度不能成为"稻草人""泥菩萨"，要立好规矩更要守好规矩，定了规矩就要执行，做了规定就要来真格的。要坚持制度面前人人平等、执行制度没有例外，不留"暗门"、不开"天窗"，让制度纪律成为带电的"高压线"，坚决杜绝有法不依、执法不严、违法不究的现象。完善执法监督机制，严格责任追究，违法者要军法从事，着力增强法规制度执行力。

坚持依法从严，做到严之有据、严在法内、严得科学。全军以纪律建设为核心，下大气力整肃军纪，强化号令意识，培养部队令行禁止、步调一致的严明纪律。依据条令条例和规章制度办事，坚决防止和克服以言代法、以权压法，搞土政策、土规定等问题。带兵要严绝不是简单粗暴，必须严之得法。全军提高依法带兵的能力和水平，把关心关爱官兵和从严治军统一起来，把严格管理和科学管理统一起来，增强管理工作的科学性和有效性。

依法治军关键是依法治官、依法治权，必须抓好领导干部这个"关键少数"，加强权力运行制约和监督，切实把权力关进制度的笼子里。领导干部怎么做，部队官兵都看着。军队领导干部要带头尊法学法守法用法，自觉做依法治军的带头人。做尊法的模范，带头尊崇法治、敬畏法律，从领导干部踏入干部队伍的那一天起就扣好法治的第一粒扣子；做学法的模范，带头了解法律、掌握法律，不能当"法盲"，犯了规越了线还浑然不知；做守法的模范，带头遵纪守法、捍卫法治，牢记法律红线不可逾越、法律底线不可触碰；做用法的模范，带头厉行法治、依法办事，做到在法治之下，而不是法治之外，更不是法治之上。

习主席领导制定并带头贯彻落实中央八项规定和军委十项规定，为全军树起了榜样。军委相继出台关于军队领导干部待遇、任免、经济审计、纪律约束等一系列制度规定，治官治权的笼子越编越密、越扎越牢。全军集中开展干部工作大检查、财务工作大清查、清房清车清人、基层风气等 8 个"专项清理整治"，逐项过筛子查纠，拉网式起底严治，对违规提升、涂改档案等问题的当事人和相关责任人，均依法依纪严肃处理。

[知识链接]

《中央军委加强自身作风建设十项规定》

2012 年 12 月，根据中央八项规定精神，中央军委印发《中央军委加强自身作风建设十项规定》。主要内容包括：一、改进调研工作。二、大力改进会风。三、减少事务性活动。四、精简文件、电报、刊物、简报。

五、规范出访活动。六、改进警卫工作。七、简化新闻报道。八、严格文稿发表。九、切实改进接待工作。十、严格廉洁自律。

基层是部队全部工作和战斗力的基础，基础不牢、地动山摇。我军把依法治军作为基层建设的基本方式确立起来，按照条令条例规范基层建设，保持部队正规秩序和安全稳定。坚持依法带兵，深入开展尊干爱兵、兵兵友爱活动，巩固和发展团结友爱、和谐纯洁的内部关系。各级领导机关把工作重心放在基层，加强工作统筹，搞好"关闸分流"，坚决纠正会议多、活动多、文电多、工作组多、检查评比多等"五多"问题。近年来，军委机关先后修订《军队基层建设纲要》等十多部法规，出台《关于进一步规范基层工作指导和管理秩序若干规定》等几百项制度规定，为抓基层提供了根本遵循。2018年4月，新修订的共同条令颁发全军，为我军正规化管理确立了新的基石。

[知识链接]

《军队基层建设纲要》

《军队基层建设纲要》（以下简称《纲要》）是人民解放军指导和加强军队基层建设的基本准则和依据。《纲要》于1988年制定试行、1990年正式颁发，1993

年、1995 年、2003 年、2009 年和 2015 年五次修订。《纲要》从基层建设标准、基层经常性主要工作、基层建设的总结评比和表彰、领导机关抓基层的主要职责和要求等四个方面，对军队基层建设作出了全面系统的规定。

本章小结

依法治军、从严治军是强军之基，是我们党建军治军的基本方略。全军适应战争形态加速转变和社会环境深刻变化，构建系统完备、严密高效的军事法规制度体系、军事法治实施体系、军事法治监督体系、军事法治保障体系，努力实现治军方式"三个根本性转变"，着力推进全面从严治军，依法治军理论和实践不断创新发展，军队法治化水平不断提高。

【思考题】

1. 为什么说一支现代化的军队必然是法治军队？

2. 中国特色军事法治体系包括哪些方面的内容？

3. 推进全面从严治军的重大意义是什么？

第九章

推动军民融合深度发展

军民融合是我们党按照国防建设和经济建设的紧密相关性，统一富国和强军两大目标，统筹发展和安全两件大事，统合经济和国防两种实力，将有限的社会资源转化为双向互动的生产力和战斗力的战略行动。习主席要求把军民融合发展上升为国家战略，构建一体化的国家战略体系和能力。必须深刻理解实施军民融合发展战略的重大意义，准确把握军民融合深度发展的目标任务和关键问题，通过完善国防动员体系、做好退役军人事务，巩固军政军民团结，实现经济建设和国防建设协调发展、平衡发展和兼容发展。

第一节　军民融合发展是兴国之举、强军之策

2014 年 3 月 11 日，习主席在十二届全国人大二次会议解放军

代表团全体会议上提出："军民融合发展作为一项国家战略，关乎国家安全和发展全局，既是兴国之举，又是强军之策。"2015 年3 月 12 日，在十二届全国人大三次会议解放军代表团全体会议上，习主席再次强调"把军民融合发展上升为国家战略"。2017 年 1 月22 日，中共中央政治局召开会议，决定设立中央军民融合发展委员会，由习近平同志任主任。2017 年 10 月，党的十九大把军民融合发展战略列为开启全面建设社会主义现代化国家新征程的国家战略之一。2018 年 3 月 2 日，十九届中央军民融合发展委员会第一次全体会议审议通过《军民融合发展战略纲要》。实施军民融合发展战略，是构建一体化的国家战略体系和能力的必然选择，也是实现党在新时代强军目标的必然选择。

一、我们党长期探索经济建设和国防建设协调发展规律的重大成果

经济建设和国防建设的关系，是社会主义现代化建设必须正确认识和处理的重大课题。新中国成立后，党和国家高度重视统筹经济建设和国防建设，针对苏联国防工业只负责军品生产的问题，我们党提出军民两用思想，强调经济建设和国防建设并重。20 世纪六七十年代，国家面临的安全形势恶化，我们党强调国防建设优先、军品优先。进入改革开放新时期，国家以经济建设为中心，我们党提出"军民结合、平战结合、军品优先、以民养军"的十六字方针。90 年代以来，我们党明确提出建立军民结合、寓军于民的国防科技工业体系。进入 21 世纪，我们党创造性地提出军民融合式发展思想，特别是党的十八大以来，习主席敏锐洞察和深刻把握

经济建设与国防建设协调发展规律，对军民融合发展作出一系列重要论述，推出一系列管全局、管长远的战略决策，呈现出经济建设与国防建设协调发展的良好局面。实践反复证明，经济建设和国防建设的关系处理不好，就会走弯路、吃苦头。

二、从国家发展和安全全局出发作出的重大战略决策

军民融合关乎国家发展和安全全局。富国才能强兵，强兵才能卫国。国防实力要同经济实力相匹配，经济社会发展到哪一步，国防实力就要跟进到哪一步，不然就不能为经济社会发展提供安全保障。这就要求必须在国家总体战略中兼顾发展和安全，科学统筹经济建设和国防建设。在国防建设上，要抓住有利条件，在国家层面加强统筹协调，发挥军事需求主导作用，努力推动国防实力和经济实力同步发展，努力缩小同世界军事强国的差距。推进军民融合发展，有利于促进经济发展方式转变和经济结构调整，有利于增加国家战争潜力和国防实力，是促进国家发展、保障国家安全的可靠支撑。

三、应对复杂安全威胁、赢得国家战略优势的重大举措

世界正处于大发展大变革大调整时期，我国面临的安全风险和挑战日趋复杂严峻，迫切需要通过军民融合提升国家一体化战略能力，有效化解风险、应对挑战。随着新一轮科技革命、产业革命、军事革命加速发展，国家战略竞争力、社会生产力、军队战斗力的耦合关联越来越紧，对军民融合提出了更高的要求。当前和今后一

个时期是军民融合的战略机遇期，也是军民融合由初步融合向深度融合过渡、进而实现跨越发展的关键期。在这种形势下，只有实施军民融合发展战略，充分利用军民融合发展战略机遇期，打破军民二元分离结构，有效整合国家资源和全社会力量，才有可能争取主动，掌握应对复杂安全威胁的主导权，在现代综合国力竞争中占据优势。

第二节　构建一体化的国家战略体系和能力

军民融合发展的总体目标，是逐步构建军民一体化的国家战略体系和能力。党的十八大以来，军民融合发展取得丰硕成果，组织管理体系基本形成，战略规划引领不断强化，重点改革扎实推进，法治建设步伐不断加快，军地资源共享程度得到提高，军民融合产业蓬勃兴起，呈现整体推进、加快发展的良好态势。同时也要看到，我国军民融合发展还存在一些突出问题，军民融合整体效益没有充分发挥出来。今后一个时期军民融合发展，总的是要加快形成全要素、多领域、高效益的军民融合深度发展格局，牢牢把握军民融合深度发展的重点任务，聚焦重点领域精准发力、务求实效。

一、强化顶层设计和战略规划，加强集中统一领导

推动军民融合深度发展，是一个重大的战略工程，是一项长期的艰巨任务。要坚持党中央权威，在国家层面建立推动军民融合发

展的统一领导、军地协调、需求对接、资源共享机制，形成纵向贯通、横向协同、顺畅高效的组织管理体系，国家主导、需求牵引、市场运作相统一的工作运行体系，系统完备、衔接配套、有效激励的政策制度体系，齐心协力做好军民融合深度发展这篇大文章。要强化战略规划，坚持体系论证、科学统筹，坚持运用先进理念、方法、手段，把规划论证搞扎实。要与国民经济和社会发展规划、军队建设发展规划同步论证，编制好经济建设和国防建设融合发展规划。中央和地方财政部门要按事权划分建立专门资金渠道，落实军民融合发展资金保障。要着眼提高军民融合发展整体质量效益，强化督导评估，建立问责机制，形成军民融合发展的鲜明导向和评价标准规范，强化规划刚性约束和执行力。《军民融合发展战略纲要》作为新时代推进军民融合发展的纲领性文件，与之前制定出台的《关于经济建设和国防建设融合发展的意见》《经济建设和国防建设融合发展"十三五"规划》，共同构成了现阶段军民融合发展的顶层设计体系。

二、创新制度机制和法治保障，推动军民融合深度发展

中央军民融合发展委员会这一机构的设立，从国家治理顶层架构确立了军民融合发展的统一领导体制，强化了跨军地、跨领域、跨系统军民融合重大事项的统一领导和统筹决策，不仅是我国国防体制的重大创新，也是军民融合发展体制的重大改革。截至2017年12月底，31个省、自治区、直辖市党委相继组建了军民融合领导机构。

军民融合发展涉及多元主体、多方利益，要善于运用法治思

维和法治方式推动工作，体系化推进军民融合政策制定，提高军民融合法治化水平，为军民融合发展提供法规制度保障。加紧推进军民融合发展综合性法律立法工作，加快推进军民融合发展相关法律法规立改废释工作。要优化军民融合发展的政策制度环境，统筹推进标准化军民融合，坚决拆壁垒、破坚冰、去门槛，加快调整完善市场准入、财税金融等制度，从政策导向上鼓励更多符合条件的企业、技术、人才、资本、服务等在军民融合发展上有更大的作为。

[知识链接]

军民融合法规制度建设

2018 年 2 月，中共中央办公厅、国务院办公厅、中央军委办公厅印发《关于开展军民融合发展法规文件清理工作的通知》，对军民融合发展法规文件清理作出全面部署。这表明，中央将从法律制度顶层设计着手，优化军民融合发展的政策制度环境，增强政策法规的协调性、时效性、针对性。在此基础上，逐步构建起以宪法、国家安全法、国防法为依据，以军民融合发展法为统领，以各重点领域专项法为支撑的军民融合法规制度体系，为实施军民融合发展战略提供坚强有力的法治保障。

三、探索发展新路子，聚焦重点领域发力

军民融合发展的重点，包括基础设施建设、国防科技工业、武器装备采购、人才培养、军队保障社会化、国防动员等潜力巨大领域和海洋、太空、网络空间、生物、新能源、人工智能等军民共用性强领域。走中国特色军民融合发展路子，要以科技创新为引领，加强军地资源优化配置，坚持共建共用共享，实现国家整体战略利益的最大化。

一是推进基础设施统筹建设与资源共享。基础设施建设贯彻国防要求是重中之重。着眼发挥军民深度融合的最大效益，以统筹配置增量资源和存量资源为重点，以强化基础设施统筹建设和信息资源共享为关键，以提高标准计量军民通用化水平为手段，切实增强对经济建设和国防建设的整体支撑能力。

二是推进国防科技工业与武器装备发展。要主动发现、培育、运用可服务于国防和军队建设的前沿尖端技术，捕捉军事能力发展的潜在生长点，增强核心基础产品和国防关键技术自主可控能力。要以打破封闭垄断为突破口，以激发创新活力为途径，深化国防科技工业体制机制和装备采购制度改革创新，加快形成"小核心、大协作、专业化、开放型"的军品科研生产能力结构布局，建设中国特色先进国防科技工业体系。

三是推进军民科技协同创新。贯彻创新驱动发展战略，推进科技兴军，以需求论证、规划计划、资源配置、项目实施、成果转化等为抓手，以营造开放共享、多方参与、竞争有序的创新环境为重点，建立完善、统一、高效、开放的军民科技协同创新体系。

四是推进军地人才双向培养交流使用。贯彻科教兴国、人才强

国战略，发挥国家教育资源优势和军队院校特色，健全军事人才依托培养体系，构建以联合作战院校为核心、以兵种专业院校为基础、以军民融合培养为补充的院校格局。要推动军地人才交流共享，形成各类人才在富国强军伟大征程中创造活力竞相迸发的生动局面。

五是推进社会服务和军事后勤统筹发展。确立现代后勤就是军民融合后勤的理念，主动把军事后勤保障的力量之源扎根在经济社会发展的土壤之中，依托国家主渠道、借力地方政府、融合社会力量，努力构建现代化的军事后勤军民融合体系。

六是推进国防动员现代化建设。以经济社会发展为依托，以保障打赢信息化局部战争为核心，以构建现代化国防动员体系为目标，全面提高平战结合、全域遂行、精确高效的国防动员能力。

七是推进新兴领域军民融合。着眼谋取战略竞争优势，推动军民融合由传统领域向新兴领域拓展。突出抓好海洋、太空、网络空间、生物、新能源、人工智能等领域军民科技协同创新，推动重大科技项目一体论证和实施，加速提升国家战略能力特别是军事实力。要在筹划设计、组织实施、成果使用全过程贯彻军民融合理念和要求，搞好需求对接、规划衔接、任务对接，加快形成多维一体、协同推进、跨越发展的新兴领域军民融合发展格局。

第三节　完善国防动员体系

国防动员，是国家根据国防需要，使社会诸领域全部或部分由平时状态转入战时或紧急状态所进行的活动，主要包括武装力量动员、国民经济动员、国防交通动员、人民防空动员、政治动员、装备动员和新兴领域动员等。国防动员对于保障备战打赢、应对突发事件、服务经济社会发展具有重要作用。

一、新时代国防动员面临的形势、任务和目标

国防动员建设发展呈现新面貌。国防动员系统把坚持党管武装作为根本原则，确保人民武装力量始终置于党的绝对领导之下；把增强打赢能力作为目标指向，扎实做好军事斗争动员准备；把提供可靠保障作为重要职责，创新动员机制、模式和方式；把依法实施动员作为行动准则，进一步健全国防动员法规政策。同时也要看到，国防动员还面临着建设模式与市场经济发展不够适应、运行机制与现代化管理要求不够适应、保障能力与打赢现代战争需求不够适应的问题。

我们党高度重视国防动员地位作用，党的十九大报告明确提出"完善国防动员体系"的建设任务。《军民融合发展战略纲要》提出了"推进国防动员现代化建设"的目标任务，即以经济社会发展为依托，以保障打赢信息化局部战争为核心，以构建现代化国防动员体系为目标，全面提高平战结合、全域遂行、精确高效的国防动员能力。

二、建立健全国防动员体制机制

完善国防动员体系，离不开集中统一、顺畅高效的体制机制支

撑。经过多年的调整完善，现已形成国务院和中央军委共同领导、国防动员委员会组织协调、军队和政府齐抓共管的国防动员体制机制。2016 年 1 月，中央军委国防动员部成立，履行组织指导国防动员和后备力量建设职能，领导管理省军区，实现了国防动员组织领导由分到统、由散到聚、由合到融的整体转型，实现了国防动员体制的重塑重构。2017 年，随着全军调整组建军兵种部队和省军区系统等 84 个军级单位，国防动员系统的各项改革举措逐步落地，上下贯通、平战衔接、军地互联、分工协作的国防动员领导指挥体制进一步完善，党管武装、应战应急、服务全军、融合协调的特色更加鲜明，体系更加科学，功能更加完备。

三、加强后备力量建设

深化民兵预备役结构规模、力量编成改革。围绕完善国防动员体系，后备力量建设正加快实现由保障陆军为主向保障多军兵种、由数量规模向质量效能、由对应建设向互补建设、由粗放管理向精确管理的根本性转变。大力压减全国基干民兵规模，结构布局趋于合理，建设重点更加突出，保障措施不断完善。全军预备役部队与现役部队的结合更加紧密，一体化建设迈出实质性步伐。

提高后备力量应战应急一体化建设水平。国防动员系统紧紧围绕备战打仗、聚力打赢，突出主责主业，扎实推进应战应急准备。在海上维权前沿、在抢险救援一线、在维稳安保现场，广大民兵牢记使命、常态备勤、舍生忘死、奋不顾身、昼夜巡逻、确保安全，积极遂行多样化任务。在我国漫长边海防线上，数十万民兵常年驻守，侦察监视、快速反应和应急处突能力稳步提高。在事关人民群众生命安危、事关改革开放和现代化建设成果的人民防空建设方面，坚持人民防空为人民，铸就坚不可摧的护民之盾，并不断提升履行使命任务能力，提高防空袭斗争能力，有效履行战时防空、平时服务、应急支援职能使命。以应战牵引应急，以应急促进应战，国防后备力量建设加快实现应战应急一体化发展。

四、健全国防动员法规

在社会主义市场经济条件下推进国防动员发展，应当建立健全国防动员法规制度。2010 年 7 月，我国颁布实施国防动员法，这是国防动员领域最基本的法律。预备役军官法、国防教育法、军人抚恤优待条例、军人保险法、国防交通法等相继颁布实施，对于依法加强国防动员建设、增强国防潜力、提升综合国力、维护国家安全和发展，具有十分重要的意义。同时也应看到，与依法治国、依法治军和依法动员的要求相比，国防动员法规覆盖范围和配套程度还远远不够，民用资源征用补偿、国防勤务、民兵和海外军事行动国防动员等方面法规政策急需出台，一些法规制度的可操作性和刚性约束还有待加强。

要按照相互衔接、体系配套的思路，健全用以调整国防动员准备、实施及其相关活动的法律法规，加快修订兵役法、人民防空法、民兵战备工作规定等法律法规，加快制定改革急需、动员急用的国民经济动员、装备动员等法规，逐步构建起以国防动员法为主体，以相关重点领域法规为衔接配套的国防动员法制体系。

第四节　做好退役军人管理保障工作

退役军人是党和国家的宝贵财富。退役军人管理保障是关系改革发展稳定、事关国防和军队建设大局的一个大问题。退役军人问题解决得好，对于增强军人职业吸引力和荣誉感自豪感、促进国家经济社会健康发展具有重要作用。

一、做好退役军人管理保障工作是我国的一贯政策

我们党和国家历来重视做好退役军人安置工作，将退役军人视为社会主义建设的骨干力量。新中国成立后，毛泽东同志指出：人民解放军和地方人民政府对回乡转业人员必须妥为安置，使之各得其所。改革开放以来，我们党反复强调，对军队转业地方的同志，地方要承担起来，把他们安排好；要动员各方面的力量，千方百计地把军转干部接收好、安置好、培训好、使用好、管理好；要探索符合国情军情的军转安置新路子，以求真务实精神抓好安置工作。国家在《中华人民共和国宪法》《中华人民共和国兵役法》《军人抚恤优待条例》《伤病残军人退役安置规定》《军队转业干部安置暂行办法》和《退役士兵安置条例》等法律法规中，赋予退役军人政治荣誉权、社会保障权、退役安置权和军人军属优抚权，较好地保护了退役军人的合法权益，体现出国家对退役军人权益保护的连续性和稳定性。随着社会主义市场经济的深入发展，计划经济条件下的安置政策无法适应新形势新要求，加之国家相关领域改革不断深化，新旧体制转换中军地协调不够顺畅

和部分地区落实中央安置政策不严格，军人转业退伍安置难、伤病残军人移交难、退休干部安置难等问题时有发生。目前，我国退役军人约 5700 万，加上每年几十万的新增退役军人，这是一个庞大的需要全社会关注的群体。退役军人安置工作解决得好不好，不仅关系到退役军人的切身利益，也关系到军人荣誉感的确立。

二、把退役军人事务工作摆在突出位置

以习近平同志为核心的党中央高度关注和重视退役军人问题，把做好退役军人安置工作作为关系国防和军队改革的一项政治任务来抓。习主席指出，军队干部转业地方工作，是他们人生的重大转折，要安置好，也要使用好，继续发挥他们的作用。要严肃安置工作纪律，不允许以任何理由拒绝接收军转干部，确保党中央政令畅通。要切实把好事办好办实，不要让英雄既流血又流泪。

党的十八大以来，国家多次提高残疾军人抚恤金标准、烈属定期抚恤金标准和在乡退伍红军老战士生活补助标准，广大退役军人切实感受到了党和政府的温暖。地方各级政府结合实际情况，采取一系列措施，积极探索新时代退役军人服务保障经验。河北省把退役军人事务上升为重要的政治任务，实行"一把手"工程，因地制宜做好优抚安置工作，加强服务体系建设，做好扶持就业创业、教育培训、生活困难救助等工作，并率先在全国成立退役军人服务保障机构，为各地做好退役军人工作提供了有益借鉴。上海市、江苏省、重庆市、新疆维吾尔自治区等地，着眼征集高素质兵员，普遍采取优先落户、提前预留岗位、推荐担任村官等多种优惠措施，吸

引鼓励大学生应征入伍。

2018 年 4 月，中华人民共和国退役军人事务部正式成立。在国家机构改革持续深入、国务院部委数量压缩的情况下组建退役军人事务部，在国家层面加强对退役军人保障工作的组织领导，表明党中央对深化国防和军队改革的高度重视，也显示国家对全体退役军人的关心和爱护。

三、退役军人事务部的组建意义和职责

组建退役军人管理保障机构，维护军人军属合法权益，让军人成为全社会尊崇的职业，是深化国家体制和国防体制改革的重要举措，是军人退役制度具有里程碑意义的重大改革。退役军人事务管理是一项综合性强的系统工程，必须依靠政府，整合全社会的力量共同努力才能完成好。退役军人事务部的建立，将民政部的退役军人优抚安置职责，人力资源和社会保障部的军官转业安置职责，以及中央军委政治工作部、后勤保障部有关职责进行整合，解决了长期以来退役军人事务多口管理、职责交叉、衔接不畅等体制性障碍，有利于协调各方力量更好为退役军人服务，有利于加强退役军人服务保障体系建设，建立健全集中统一、职责清晰的退役军人管理保障体制。

随着国家层面退役军人事务部的组建，退役军人安置工作进入一个全新阶段。退役军人事务部主要承担退役军人服务管理、待遇保障、移交安置、表彰奖励等方面职能。主要担负以下职责：一是拟订退役军人思想政治、管理保障等工作政策法规并组织实施；二是褒扬彰显退役军人为党、国家和人民牺牲奉献的精神风范和价值

导向；三是负责军队转业干部、复员干部、退休干部、退役士兵的移交安置工作和自主择业退役军人服务管理、待遇保障工作；四是组织开展退役军人教育培训、优待抚恤等；五是指导全国拥军优属工作；六是负责烈士及退役军人荣誉奖励、军人公墓维护以及纪念活动等。这样的职责定位，将服务管理、待遇保障、移交安置、优抚奖励等职能集于一身，有利于构建起与经济社会发展水平相适应、与深化国防和军队改革相衔接、与退役军人贡献相匹配的管理体制和制度体系。

第五节　巩固和发展军政军民团结

"君驭南风冬亦暖，我临东海情同深。难得举城作一庆，爱我人民爱我军。"历史和现实都昭示我们：坚如磐石的军政军民关系，是实现中国梦、强军梦的政治基础，是我们战胜一切艰难险阻、不断从胜利走向胜利的重要法宝。无论过去、现在和将来，只有加强军政军民团结，不断谱写军民鱼水情时代新篇，才能为实现中国梦、强军梦凝聚起强大力量。

一、我们党一贯重视军政军民团结工作

密切军政军民关系、巩固军政军民团结，是党领导广大军民的伟大创造，是我们的优良传统和特有的政治优势。

土地革命时期，军民团结为发展工农红军、建立革命根据地和取得长征胜利，发挥了重要作用。抗日战争时期，面对日本帝国主

义的疯狂侵略，陕甘宁边区军民为了战胜敌人、建设和巩固边区，创造性地开展了"拥军优抗、拥政爱民"运动。解放战争时期，广大军民深入开展双拥活动，军民之间建立了深厚的革命情谊，仅淮海战役就动员民工 540 多万人、担架 20 余万副、大小车辆 80 多万辆支前，将 4 亿多斤粮食和大量作战物资运往前线。革命战争年代的烽火硝烟，密切了人民军队与人民群众的血肉联系，熔铸了坚不可摧的军政军民团结。

新中国成立后，军民齐心合力，清剿土匪、屯垦戍边，踊跃参军拥军支援抗美援朝战争，为保卫新生的人民政权作出突出贡献。社会主义建设时期，全军有 700 多万名官兵转到生产建设新战场，许多部队成建制投入国家建设，地方党委、政府和广

江西省井冈山市人武部到红军学校开展革命传统教育 （解放军画报社提供）

大人民群众大力支持部队精简整编、发展国防工业等。改革开放后，广大军民继续发挥军爱民、民拥军光荣传统，在经济建设主战场上通力协作，在捍卫国家主权、安全和维护社会稳定中密切配合，在社会主义精神文明建设中相互促进，在抵御各种风险挑战、抗击各种自然灾害中并肩战斗，使军政军民团结更加巩固。

二、新时代军政军民团结硕果累累

习主席高度重视军爱民、民拥军优良传统，对军政军民团结的性质定位、增进军民福祉、军民维护社会稳定等作出一系列重要指示，并亲自倡导推动设立烈士纪念日、国家公祭日，建立党和国家功勋荣誉表彰制度。近年来，纪念抗战胜利70周年、纪念红军长征胜利80周年、庆祝建军90周年等系列活动隆重举行，极大振奋了党心军心民心。

地方各级政府把服务部队备战打仗作为巩固军政军民团结的重点，形成军地同心强国防、合力抓备战、携手谋打赢的良好局面。一些地方主动加强与新调整组建部队的联系对接，帮助有关部队协调解决遇到的矛盾问题。各地主动适应部队实战化训练要求，认真做好训练场地征用、群众疏散转移、交通安全警戒、粮秣水电供应等工作。

全军指战员牢记全心全意为人民服务宗旨，大力弘扬拥政爱民光荣传统，发挥自身优势参与中国特色社会主义建设。广泛参加平安创建、和谐创建活动，协助搞好社会治安综合治理，主动承担各种急难险重任务，圆满完成多项重大活动安保服务任务，积极参加四川芦山和云南鲁甸地震、"威马逊""麦德姆"超强台风等抢险救灾行动，有力保护了人民群众生命财产安全。

三、不断谱写军民鱼水情时代新篇

当前，军政军民团结工作所处的时代条件和社会环境发生了很大变化。习主席强调指出：要加强军政军民团结，不断谱写军民鱼水情时代新篇；军地双方要共同努力，把双拥工作抓得更加扎实有效，为实现中国梦强军梦提供坚强保证；要适应新形势新任务的要求，不断巩固和加强军政军民团结，努力形成军爱民、民拥军的生动局面；全党全军全国各族人民要大力弘扬军爱民、民拥军的光荣传统，巩固发展坚如磐石的军政军民关系，为实现中国梦强军梦凝聚强大力量。

加强新时代的军政军民团结，军地双方要充分发挥自身优势、整合军民资源，把发展生产力与提高战斗力有机结合起来，扎扎实实推进军民融合深度发展。各级各地积极完善和落实拥军优抚安置政策法规，解决现役、退役军人和优抚对象的现实问题，广泛开展科技拥军、智力拥军、文化拥军，全力维护军人军属合法权益，下大力气解决军人的后顾之忧，增强军人职业吸引力和军人军属荣誉感。全军官兵倍加珍惜军政军民团结的大好局面，永葆人民军队性质、宗旨、本色，始终不渝地坚持军民一致原则，大力弘扬军爱民、民拥军的光荣传统，自觉服从服务于党和国家工作大局，积极参加支援地方经济社会建设，以实际行动为民造福、为国兴利。

［案　例］

"海军需求＋海洋产业"的精准定位
——青岛军民融合创新示范区建设先行先试成效显著

2018 年 3 月 2 日，第十九届中央军民融合发展委员会第一次全体会议通过《国家军民融合创新示范区建设实施方案》。山东青岛市成为第一个获批的国家军民融合创新示范区。

中国辽宁号航母是中国海军的第一艘航母，2012 年 9 月 25 日正式服役，靠泊青岛。对于从没有接触过航母的中国海军、从没有承担过航母编队母港任务的青岛市来说，这些都是极具时代特征的全新挑战。如

辽宁号航母参加南海海上阅兵　　　　　　（解放军画报社提供）

何以这一战略机遇为抓手、加快打造军民融合创新示范区，成为青岛市近年来重点探索的重大理论和实践课题，主要有以下实践做法。

一是紧扣军队建设需求提前布局。辽宁号航母正式入役以来，青岛市就瞄准航母母港建设需求开始提前布局，研究分析美国圣地亚哥航母母港建设做法，围绕辽宁号航母需求提供全方位服务，形成兴海强军战略领航区的发展定位，前瞻性设立了古镇口军民融合创新示范园（后改为示范区）。根据军民融合的新形势新要求，青岛不断校准示范区战略定位，将军民融合发展战略、海洋强国战略以及战略母港城、青岛海洋科学城、东北亚国际航运枢纽优势紧密结合，积极探索新时代科技兴海、富国强军新路径新模式。

二是体制机制创新方面先行先试。近年来，青岛市加强与中央军民融合发展委员会办公室、国务院有关部委、军委机关有关部门和海军机关对接，完善多层次、对等化的联席会议制度，搭建"分级直接交流、军地充分协商、问题共同应对、上下畅通高效"的常态化沟通平台，合力解决军民融合发展中的矛盾问题。率先在示范区内建立起"一组（青岛市委和北海舰队组建军地协调领导小组）、一委（青岛市和西海岸新区设军民融合发展委员会）、一办（西海岸新区与驻区部队建立军地联席会议制度，设立联席会议办公室）"的工作机制，建立起纵向贯通、横向协同、顺畅高效的组织管理体系，军地联手解决了军民融合创新示范区建设过程中的数十项难题。

三是聚焦海防海军海洋主题打造创新生态链。围绕航母母港建设，青岛市西海岸新区规划建设了军民融合创新、技术装备保障、军工产业发展、军地人才培养、综合保障协作、基础设施统筹规划等"六大中心"，着力增强航母的靠前保障能力。针对西海岸新区缺乏军工基础的现实，通过土地优惠、资金支持等政策，引来中科系、高校系、军工系等近30所高端科研院所以及多家涉海涉军高科技企业入驻，逐步形成依托母港经济辐射海洋产业的军工基础，以及涉海涉军科技创新与产业发展的独特优势。

四是基础设施军地共建共享。青岛市积极在基础设施建设中贯彻国防要求，聚焦港口、机场、铁路、公路、通信等重点领域，制定了《青岛市重大基础设施建设贯彻国防要求保障办法》，明确了建设项目贯彻国防要求依法补偿的程序和标准。按照军队需求对现有基础设施进行改造，完善军民机场布局，军地合资共建高等级国防公路；军地联合申报青连铁路海军专用线，使铁路全线里程缩短、工程投资节省，军地资源使用效率显著提高。针对重大军事设施和装备科研生产的巨大需求，青岛西海岸新区加快军民科研力量和资源整合，建设哈尔滨工程大学青岛船舶科技园，集聚6名工程院院士、16个"千人计划"专家领衔的国防创新团队以及100余家高科技企业，加强军民两用高新技术研发和创新成果转移转化。

五是双拥模范城市谱写新篇。青岛市连续八次荣获"全国双拥模范城"称号，西海岸新区是山东省唯一的"全国爱国拥军模范单位"。当地老百姓为航母母港建设开创了"古镇口速度"，一个月之内搬迁6个村庄、1429户居民，500多艘渔船拆解转港，一年内完成32平方公里陆域和海域清场，为航母提前半年靠泊创造了条件。地方政府出台加强部队社会化保障的意见，无偿划拨土地，配建海军公寓、提供购房补贴，建设全国首家民办公益性军民融合医院和全国首个海军中学，建成军港生活保障中心。

青岛军民融合创新示范区建设比较准确地把握了国家军民融合创新示范区的内涵要求，体现了"经济社会基础、军事需求牵引、先行先试效益、体制机制创新"等特色优势，对其他地区建设军民融合创新示范区具有以下重要借鉴意义。

示范区建设必须结合军事需求牵引和区位优势找准自身定位。军民融合创新示范区既不同于传统的经济（科技）园区，也不同于一般的军转民产业基地，要在充分尊重区域自然生态和经济社会发展条件的前提下，以满足国防和军队建设需求、促进地区经济社会发展为导向。

示范区建设应当围绕军民融合发展"生态链"全方位发力。军民融合创新示范区建设涉及创新、产业、资金、法规政策、服务等多种要素多种资源，仅靠某一方面突破难以收到实质成效，必须系统设计、整体用力。

示范区建设需要军地联动有所为有所不为。示范区建设是一个渐进发展的过程，不能一蹴而就、一哄而上、全面开花，必须树立功不在我、利在长远的发展理念；不能仅仅盯着GDP、税收、就业等短期经济指标，必须在加强系统设计的同时找准重点突破口。示范区建设也不能"剃头担子一头热"，必须军地双方同心合力，共同推进。

本章小结

　　把军民融合发展上升为国家战略，是从国家发展和安全全局出发作出的重大战略决策。要加强集中统一领导，创新制度机制和法治保障，聚焦重点领域发力，形成全要素多领域高效益的军民融合深度发展格局，构建一体化的国家战略体系和能力。进一步完善国防动员体系，做好退役军人管理保障工作，巩固和发展军政军民团结，把经济建设和国防建设协调发展的要求落到实处。

【思考题】

1. 如何深入推进新兴领域军民融合深度发展？

2. 当前做好国防动员工作的重要意义是什么？

3. 结合工作实际，谈谈如何进一步巩固军政军民团结。

结束语

增强全民国防观念
为实现中国梦强军梦凝聚强大力量

"天下虽安，忘战必危。"当今中国前所未有地靠近世界舞台的中心，前所未有地接近实现中华民族伟大复兴的目标，也面临前所未有世界之大变局、前所未有之风险挑战。中国梦引领强军梦，强军梦支撑中国梦。没有一个巩固的国防，没有一支强大的军队，和平发展就没有保障。建设巩固国防和强大军队，是我国现代化建设的一项重要战略任务。

历史是映照现实的明镜，也是最富哲理的教科书。1840年鸦片战争以来，帝国主义列强屡屡对中国发动侵略战争，侵占数百万平方公里领土，掠夺数以亿计的财富银两，戕害数千万平民百姓。那些有国无防、风雨如磐的沉重日子，铭刻着中华民族太多不堪回首的惨痛记忆。1949年新中国成立后，才结束了旧中国有国无防、任人欺侮的历史，结束了帝国主义列强架上几门大炮就可以征服一个国家的时代。

历史不容忘却，战争记忆也不遥远。今天的中国，国家安全的内涵和外延比历史上任何时候都要丰富，时空领域比历史上任何时候都要宽广，内外因素比历史上任何时候都要复杂。我们必须时刻高度警惕国家被侵略、被颠覆、被分裂的危险，高度警惕改革发展稳定大局被破坏的危险，高度警惕中国特色社会主义发展进程被打断的危险。"行百里者半九十。"中华民族越是接近实现伟大复兴梦想，越要牢记忘战必危，越要增强全民国防观念，汇聚全民力量，建设与我国国际地位相称、与国家安全和发展利益相适应的巩固国防和强大军队。

建设强大国防，基础在国防教育。国防教育是国防建设的重要措施和增强民族凝聚力的重要途径。开展全民国防教育的根本目的，在于增强全民的国防意识和国防精神。普及和加强全民国防教育，是党和国家始终高度关注的战略问题，对于提高全民国防素质、培塑尚武精神、凝聚实现中国梦强军梦的强大力量具有重大意义。"思则有备，有备而无患。"当前世界各国都把加强国防教育作为一项重要的社会性工程来推进，把国防观念作为崇高的社会公德来培养，并以法律措施加以保障。长期以来和平的环境，让我国崇军尚武的传统有所淡化，部分民众的国防观念趋于淡薄。我们需要从战略高度加以重视，切实加强国防教育力度、扩大国防教育规模，不断丰富国防教育的方法、内容、形式，教育引导人民群众关心国防、崇尚军人，在全社会营造起全民热爱国防、献身国防、支持国防的局面。

建设强大国防，主体在人民参与。推进国防和军队建设，是全党全军全国人民的共同事业。我国革命、建设和改革的历史一再证明，我们的军队是人民的军队，我们的国防是全民的国防。战争年代，军队打胜仗，人民是靠山；和平年代，军队要强大，人民是后盾。无论武器装备如何先进，战争形态如何改变，人民始终是历史的创造者，是发展的推动力，人民战争的法宝永远不能丢，兵民是胜利之本的真理永远颠扑不破。在前进的征程上，我们必须继续沿着建设全民国防的方向，坚持弘扬依靠人民建设国防的优良传统，紧紧地团结人民、依靠人民，最广泛地动员人民群众，参与到建设巩固国防、推进强军兴军的伟大事业中来。

建设强大国防，关键看领导干部。各级领导干部是推进中国特色社会主义事业的中坚力量，也是推进国防建设事业的骨干力量，在国防和军队建设中扮演着重要角色，必须把支持国防和军队建设放在实现中华民族伟大复兴这个大目标下来认识和推进，自觉树立起富国和强军相统一的观念。要带头接受国防教育，加强国防理论、国防法规、国家安全形势等方面知识的学习，不断强化国防意识、培养国防观念。切实担负起组织领导责任，积极筹划部署国防教育工作，及时调研解决涉及军人权益等问题，使关心国防、热爱国防、建设国防、保卫国防成为全社会的思想共识和自觉行动。培养统筹抓好经济建设与国防建设的能力，积极推进军民融合发展，共同推进做好军民融合这篇大文章，切实使富国强军思想落实到经济社会发展的各领域各环节各方面。

军民团结如一人，试看天下谁能敌！全党全军全国各族人民要紧密团结在以习近平同志为核心的党中央周围，坚持以习近平新时代中国特色社会主义思想为根本指导，深入贯彻习近平强军思想，坚持富国与强军相统一，大力强化全民国防观念，巩固军政军民团结，凝聚起建设巩固国防和强大军队、实现中华民族伟大复兴中国梦的磅礴力量。

| 阅读书目 |

1. 《马克思恩格斯军事文集》第一、二卷，战士出版社 1981 年版。

2. 《马克思恩格斯军事文集》第三、四、五卷，战士出版社 1982 年版。

3. 《毛泽东军事文集》，军事科学出版社、中央文献出版社 1993 年版。

4. 《建国以来毛泽东军事文稿》，军事科学出版社、中央文献出版社 2010 年版。

5. 《邓小平军事文集》，军事科学出版社、中央文献出版社 2004 年版。

6. 《江泽民文选》，人民出版社 2006 年版。

7. 《胡锦涛文选》，人民出版社 2016 年版。

8. 《习近平谈治国理政》第一卷，外文出版社 2018 年版。

9. 《习近平谈治国理政》第二卷，外文出版社 2017 年版。

10. 中共中央文献研究室编：《十八大以来重要文献选编》上，中央文献出版社 2014 年版。

11.中共中央文献研究室编:《十八大以来重要文献选编》中,中央文献出版社 2016 年版。

12.中共中央党史和文献研究院编:《十八大以来重要文献选编》下,中央文献出版社 2018 年版。

13.《党的十九大报告辅导读本》,人民出版社 2017 年版。

14.《党的十九大报告学习辅导百问》,党建读物出版社、学习出版社 2017 年版。

15.中华人民共和国国务院新闻办公室:1998、2000、2002、2004、2006、2008、2010 年《中国的国防》白皮书。

16.中华人民共和国国务院新闻办公室:《中国武装力量的多样化运用》白皮书,人民出版社 2013 年版。

17.中华人民共和国国务院新闻办公室:《中国的军事战略》白皮书,人民出版社 2015 年版。

18.《中国人民解放军军语》,军事科学出版社 2011 年版。

19.《中国军事百科全书》(第二版),中国大百科全书出版社 2016 年版。

后 记

　　党的十九大确立了习近平强军思想在国防和军队建设中的指导地位，开启了新时代强军兴军的新征程，标志着党的强军事业跨入一个全新的阶段。为了深入学习贯彻习近平强军思想，研究和探索全面推进国防和军队现代化的新情况新特点，帮助各级领导干部学习掌握国防和军事知识，树立现代国防观念，提高履行国防职责的能力，中央组织部组织编写了本书。

　　本书由中央军委国防动员部牵头，军事科学院编写，全国干部培训教材编审指导委员会审定。盛斌、刘家国任本书主编，王东海、曲爱国任副主编，张爱华、仇鹏、蔡志军、毛乃国、陈军、卢玉杰、党增龙、曹新元、姜平、于春福、陈勉、陆春耕、陈荣弟、唐永胜任编委会成员。参加本书撰写的人员有：陈舟、曹延中、释清仁、李明、周洲、马德宝、于森、王淑梅、张露、闫文虎、厉皓、程煜、王鹏。参加本书审读的人员有：蔡红硕、孟祥青、张文杰、游光荣、王宝付。在编写过程中，中央组织部干部教育局负责组织协调工作，人民出版社、党建读物出版社负责编辑工作。中央军民融合发展委员会、中央军委联合参谋部、中央军委政治工作部、中央军委后勤保障部、中央军委装备发展部、各军兵种及武警部队研究院等单位给予了大力支持。在此，谨对所有给予本书帮助支持的单位和同志表示衷心感谢。

　　由于水平有限，书中难免有疏漏之处，敬请广大读者对本书提出宝贵意见。

编　者
2019 年 2 月

全国干部培训教材编审指导委员会

《全面推进国防和军队现代化》

主　编：盛　斌　刘家国

副主编：王东海　曲爱国

责任编辑：刘海湘　何　羽

封面设计：周方亚

版式设计：王欢欢

责任校对：夏玉婵

图书在版编目（CIP）数据

全面推进国防和军队现代化／全国干部培训教材编审指导委员会组织编写.
-- 北京：党建读物出版社：人民出版社，2019.2

全国干部学习培训教材

ISBN 978 - 7 - 5099 - 1130 - 3

I. ①全…　II. ①全…　III. ①国防现代化 - 中国 - 干部培训 - 教材 ②军
队建设 - 现代化建设 - 中国 - 干部培训 - 教材　IV. ① E2

中国版本图书馆 CIP 数据核字（2019）第 020602 号

全面推进国防和军队现代化

QUANMIAN TUIJIN GUOFANG HE JUNDUI XIANDAIHUA

全国干部培训教材编审指导委员会组织编写

主　编：盛　斌　刘家国

党建读物出版社
人民出版社　出版发行

河北新华第一印刷有限责任公司印刷　新华书店经销

2019 年 2 月第 1 版　2019 年 2 月第 1 次印刷

开本：710 毫米 ×1000 毫米　1/16

印张：14.25　字数：159 千字

ISBN 978 - 7 - 5099 - 1130 - 3　定价：34.00 元

邮购地址 100706　北京市东城区隆福寺街 99 号

人民东方图书销售中心　电话（010）65250042　65289539

本书如有印装错误，可随时更换　电话：（010）58587361